KB248537

불안하다면 잘되고 있는 것이다

불안하다면 잘되고 있는 것이다

• 이상민 지음 •

불안한 당신이
세상을 바꿀 것이다

나는 오랜 세월 불안했다. 지금도 불안하지 않은 것은 아니다. 다만 불안을 보는 시선이 바뀌었을 뿐이다. 그런데 놀라운 일이 일어났다. 불안에 대해 부정적이고 혐오스러운 시선을 거두자 내 안에서 뭔가 화학작용이 일어난 것이다. 불안이 내 의지와 결합해 의욕을 샘솟게 했고, 내 열정과 결합해 미친 듯이 일할 수 있게 해주었으며, 타고난 완고함과 결합해 나를 더 강한 사람으로 만들어주었다. 이 책은 이렇게 한 때 불안에 몸부림쳤던 나의 이야기다. 그리고 지금도 불안에 떨고 있거나, 지쳐 나가떨어진 당신들의 이야기다.

불안한 사람은 움츠리게 되어 있다. 세상의 거친 태클에 당하지 않기 위해 몸을 둥글게 말아 자신을 보호하려고 한다. 그렇게 움츠리고 있으니 세상을 제대로 볼 수도 없고 세상의 수많은 즐거움을 누리지도 못 한다. 마음속엔 늘 분노와 원망, 패배의식이 쌓여 있다. 이런 사람들은 아무것도 하지 않음으로써 더 이상 불안한 일을 회피하려고 한다. 하지만 물어보고 싶다. 아무것도 하지 않아 당신들은 불안으로부터 벗어났는가? 아닐 것이다. 불안은 무엇을 함으로써가 아니라, 하지 않음으로써 점점 더 심화되는 악순환 구조를 가지고 있다.

계속 불안의 먹잇감이 되어 어두운 골방에 갇혀 있을 것인가, 아니면 햇빛 찬란한 거리에서 마음껏 자유와 행복을 만끽하며 살 것인가, 그것은 불안을 대하는 작은 시선에서 차이가 나게 된다. 나는 이 책에서 불안을 어떻게 바라볼 것인가에 대해 중점적으로 다루고 있다. 결론적으로 불안은 위험하지 않고 해롭지도 않다. 오히려 내 삶을 역동적이게 하고 생명력이 넘치게 만듦으로써 내가 원하는 길로 이끌어준다. 물론 안다. 이 말이 지금 불안에 갇혀 있는 사람들에게 얼마나 공허하게 들릴 것인지. 그래서 이 책을 쓴 것이다. 단 2줄이면 요약될 수 있는 결론을 '머리'가 아닌 '가슴'으로 전달하고자 했기 때문이다. 이 책을 읽어 가다 보면, 조금은 꼰대 같고 잘난 척하는 것처럼 느껴졌던 말들이 가슴 철렁한 반전과 생생한 감탄사로 수긍되는 경험을 하게 될 것이다. 나는 확신한다. 불안의 어두운 터널을 제대로 통과한 사람만이 가슴으로 말할 수 있다는 것을. 그래서 이 책은 한때 당신들과 같은 불안 종족이었던 내가 바치는 헌사다.

　희망적인 것은 있다. 지금 이 책을 펼쳐 들고 프롤로그를 읽고 있는 당신은 분명 불안의 힘에 더 이상 점령되고 싶지 않다는 열망과, 그것이 가능할 것이라는 희망을 품고 있는 사람이다. 당신의 열망과 희망이 더 나은 내일을 향해 떠나는 여정에 동력이 될 것이다. 그리고 이 책은 당신의 앞길을 밝혀줄 등대가 될 것이다. 파도가 좀 높더라도, 잠시 길을 잃더라고 걱정할 필요는 없다. 결국 우린 목적지에 닿게 될 것이므로.

　지금 불안하다면, 잘되고 있는 것이다. 확실하다.

차례

불안은 욕망의 하녀다.
보다 유명해지고, 중요해지고, 부유해지고자 하는 욕망이다.

– 알랭 드 보통 –

불안은 바다 속에서
상어를 피하게 해준다

불안은 삶의 본질이다

삶을 살아가는 일은 피곤하다. 불안이 늘 우리들을 따라다니기 때문이다. 생각해보면 우리들은 불안하지 않은 적이 거의 없었다. 불안하지 않을 때, 즉 즐겁고 재미있을 때는 그것을 잠시 잊고 있지만 정신을 차려보면 항상 불안한 현실을 마주하고 있음을 깨닫게 된다. 우리는 열심히 살아가기도 하고, 잘 놀기도 하며, 적절한 휴식을 취하면서 이 불안의 문제를 해결해 나가지만, 불안이 우리들의 삶을 떠날 수 없음을 알게 된다. 즉 어떤 막연한 불안이 항상 우리들의 삶을 감싸고 있는 것이다. 우리는 불안을 떠나서 살 수 없다. 그것은 어떤 경우라도 불가능할 것이다. 불안이 없는 삶이란 원칙적으로 존재할 수 없고, 불안이 없는 상태로 시간이 지나면 오히려 더 큰 불안이 올 것이기 때문이다. 우리는 대개 돈과 인간관계, 건강문제로 스트레스를 받는다. 불안의 원인도 대개는 이 부분 때문이다. 그런데 위의 문제들이 모두 해결된다고 해서 불안이 사라지지는 않는다. 위의 것을 모두 얻는다고 하더라도, 여전히 불안하다. 부자가 될수록 더 불안하고 친한 사람들이 많을수록 더 힘들며, 건강도 끊임없이 주의를 기울여야만 유지할 수 있다. 결국 불안은 불안할 거리들이 제거되어도 여전히 그 핵심요소가 존재하는 것이다. 우리가 지구에서 생명체로 살아간다는 것이 핵심이다. 우리는 이 세상에서 어떤 존재로 살아가고 있고, 우리는 지구에서 과연 어떤 의미인가? 우리는 인간이 이 지구의 주인공이라고 생각하지만, 그것은 진실이 아니다. 그것은 교과서에나 나오는 말이다. 객관적인 진실은 지구에는 수많은 생물들이 어울려 살아간다는 것이다. 그리고 상위생명체가 하위생명체를 먹으면서 생존을 하고 있다. 식물들도 끊임없이 광합성을 하면서 생명을 이어가고 있다. 생존은 피곤하다. 상위 생명체는 하위 생명체를 잡아먹기 위해 사냥을 해야 하고, 사냥에 실패할 경우 굶을 수밖에 없다. 굶게 되면, 새끼들이 죽을 수도 있으며, 짝짓기를 하지 못할 수도 있다. 결국 자신의 종족이 멸종할 수도 있다. 항상 무리의 리더가 되기 위해 힘겨루기가 이루어지고, 매일매일 생존을 건 사냥에 나서야 한다. 이것은 육식 동물들의 공통점이다. 그렇다고 하위 생명체라고 살기 쉬울까? 전혀 아니다. 초식동물들도 힘들다. 끊임없이 풀을 찾아 이동해야 하고, 이동 중에도 도처에 위험이 있다. 강을 건널 때는 악어가 기다리고 있고, 이동 중에 맹수들이 기다리기도 하다. 이동 중에 상처를 입으면 죽을 가능성도 크다. 즉 항상 위험한 것이다. 그들 역시 짝짓기에는 경쟁이 따르고, 새끼들을 키우는 데에는 위험이 따른다. 그렇다면 식물의 삶은 평화로울까? 그렇지 않다. 식물들도 기후에 맞서 적응해야 하고, 같은 식물 간 치열한 생존경쟁이 벌어진다. 그래서 멸종을 하기도 하고, 서식지를 옮기기도 한다. 그렇다면 바다는 어떨까? 바다의 삶도 힘들다. 상어의 삶도 힘들고, 작은 물고기들의 삶도 힘들다. 즉 항상 고통이 있는 것이다. 그리고 이 고통이 모든 생명체에는 '불안'이라는 형태로 스며드는 것이다. 그래서 초식동물도, 물고기들도 항상 긴장하는 자세로 삶을 살아간다. 한 순간도 방심하지 않는 것이다. 그리고 그것은 생존과 번영에 대한 갈망 때문이다.

인간의 삶도 자연계의 큰 틀에서 보면 다르지 않다. 인간도 자연계의 일부로서 늘 생존에 대한 걱정을 하며 산다. 그리고 그것은 다양한 형태의 불안으로 다가온다. 이 불안은 개인에 따라 정도는 다르지만 누구에게나 있다. 때로는 잠재적으로 존재하기도 한다. 불안은 삶을 관통하며 존재하고 있다. 아마 죽을 때까지 우리를 떠나지 않을 것이다. 임종(臨終)에 임박한 순간까지도 우리들은 어느 정도의 불안을 안고 있다. 가령 88세가 되어 임종을 맞는다고 생각해보자. 그때는 불안이 사라질까? 그것은 절대로 아닐 것이다. 그 나이가 되어도 병원비가 없으면 병원에 입원할 수 없고, 자식들이 경제적으로 풍족하지 않으면, 혹은 그릇된 생각을 가지고 있으면 부모를 돌보지 못하거나 않을 것이기 때문이다. 즉 그 나이가 되어도 돈에 대한 불안과 사람에 대한 불안은 존재하는 것이다. 나의 할아버지께서도 요양병원에서 임종을 맞이하셨는데, 할아버지가 돌아가시기 얼마 전 이런 말씀을 하셨다. "세상은 돈이 말한다." 할아버지께서는 죽을 때까지 돈에 영향을 받는 현실을 한마디로 정리하신 것이다. 우리들은 아무리 나이를 먹어도 불안으로부터 벗어날 수 없다. 불안은 어떤 형태로든 우리 곁에 머문다.

삼성전자 이건희 회장은 지금도 여전히 불안하다고 한다. 정신을 차리지 않으면 한 순간에 모든 것이 무너질 수 있음을 느끼고 있는 것이다. 그리고 그것을 때때로 고백하고 있다. 실제로 큰 기업을 경영하는 경영자 중에는 '불안 중독자'가 많다. 그리고 '위기의식'을 항상 가지고 있다. 실제로 그렇게 하지 않으면 기업을 지킬 수 없기 때문이다. 아무리 부자가 되었더라도 방심하는 순간 모든 것을 놓칠 수 있는 것이 인생과 사업이기 때문이다. 그래서 그들은 항상 경계심을 놓지 않고 있다. 그들이라고 해서 즐기고 싶은 마음이 없는 것이 아니고, 편하게 살고 싶은 마음이 없는 것이 아니다. 그러나 그들은 삶에서 원칙적으로 그런 것이 존재할 수 없음을 잘 알고 있다. 즉 마음을 놓는 순간, 모든 것이 허물어져 버리고, 가진 것조차 지킬 수 없음을 이해하고 있는 것이다. 그래서 그들은 남들이 보기에 불쌍할 정도로 불안해한다.

우리의 삶이 불안하니 원망이 된다. 돈만 많았으면, 대인관계만 좋았으면, 사랑하는 사람만 있었으면, 건강하다면, 부모님과 사이가 좋다면, 친척과 사이가 좋다면, 한반도가 통일이 되었다면, 세계적인 기아(飢餓)가 없다면 등을 생각하는 것이다. 그러나 우리는 모든 부분에서 불안이 필요하다는 점을 인정해야 한다. 불안하다는 것은 그만큼 위험을 인식하고 있고, 삶을 적극적으로 살아가겠다는 의사 표시이기 때문이다. 실제로 마음을 턱하니 놓고 있는 것만큼 위험한 삶의 방식도 없다. 가령 우리가 휴가를 즐기기 위해 호주의 바다로 여행을 떠났다고 해보자. 요트를 타고서 낚시도 하고 스노클링도 한다고 해보자. 그런데 그때 만약 요트가 고장났다면 어떻게 할 것인가? 더군다나 그곳이 태평양의 먼 바다라면? 결국 헤엄을 쳐서 육지로 갈 수밖에 없다. 먼 바다에서 무작정 기다리면서 구조가 되길 바라는 것은 죽어도 괜찮다고 포기하는 것과 다름없다. 따라서 용기를 내서 육지로 가야 한다. 물론 그 바다에는 '상어'가 있으니 두려운 마음이 든다. 두려운 마음이 들지 않는다면, 불안하지 않다면 오히려 이상한 것이다. 그러나 그런 불안 혹은 두려움 때문에 수영을 하지 않는다면 그대로 죽고 말 것이다. 그런 위험을 감수하고 수영을 해야만 살

가망이 있는 것이다. 상어에게 물려 죽을 수도 있다는 불안감은 수영을 하면서 계속 상어를 확인하도록 하고, 방어하도록 하며, 긴장하도록 하기에 생존확률을 높여준다. 만약 방심하고 수영만 한다면 상어에게 죽을 가능성이 훨씬 더 커진다. 삶의 불안은 대개 이런 측면이 많다. 즉 내 삶에 긍정적인 영향을 주는 것이다. 물론 불안이 파괴적인 결과를 이끌기도 한다. 그것은 내가 불안을 잘못 이용했기 때문이다. 삶에서 불안은 없을 수 없으며 결국 그 불안과 잘 동행해야 하는데, 동행을 잘못된 형태로 한 것이다. 불안은 평생에 걸쳐 나와 동행할 것이다. 그것이 현명하고 지혜로운 삶의 방식이며, 불안에 대한 올바른 결론인 것이다. 그러나 이를 인정하지 않고 원망만 한다면, 삶은 달라지지 않는다. 우리는 불안의 실체와 가능성, 그리고 위험에 대해 똑똑히 알고 가야 한다. 왜냐하면 불안은 삶의 본질이기 때문이다. 항상 불안이 내 몸 속에 있기 때문이다. 불안이 없는 삶은 더 위험하기 때문이다.

02 불안은 철부지를
어른으로 만든다

불안은 인생을 근본적으로 변하게 한다

불안한 사람은 막다른 곳으로 자신을 몰고 간다. 자기를 파괴적으로 이끄는 것이다. 그래서 마치 폐인(廢人)처럼 살기도 한다. 때로는 술을 퍼마시기도 하고, 폭식을 하기도 하고, 성적(性的)으로 문란해지기도 한다. 일은 하지 않고 멍 하니 시간을 보내기도 한다. 때로는 밤에 자지 않고 낮에 자는 생활을 반복하기도 한다. 때로는 극단적인 생각을 하기도 한다. 왜냐하면 삶이 재미가 없고, 낙(樂)이 없기 때문이다. 그래서 느는 건 한숨이고, 담배뿐인 것이다. 그러나 나는 이런 파괴적인 경험이 반드시 필요하다고 생각한다. 파괴적인 체험을 하지 않은 사람은 삶을 반쪽만 산 것이다. 이 세상의 진면목(眞面目)을 전혀 모르고 사는 것이다. 왜냐하면 이 세상의 모든 사람들이 눈물과 한숨으로 살고 있기 때문이다. 그런데도 자신 혼자 웃고 산다면, 이 얼마나 세상과 역행(逆行)하며 사는 것인가? 이런 사람이 사람과 세상을 이해한다고 떠든다면, 이 얼마나 우스운 일인가? 사람과 세상을 모르는 사람은 사업도 제대로 할 수 없고 사회생활도 할 수 없다. 이웃이 겪는 아픔을 모르는 사람에게 감수성을 기대할 수 없다. 이런 사람은 결국 철부지로 남을 뿐이다. 그리고 세상을 정말 잘못 이해하고 살게 된다. 결국 자기만의 성(城)에 갇혀 아무 것도 하지 못하며, 삶의 진실과 맞닥뜨리면 쓰러져 일어설 수조차 없게 된다. 삶은 생각보다 길다. 남아 있는 시간이 짧다고 생각하는가? 하지만 1년도 길다. 1년이면 어떤 일이든 가능하다. 해외여행도 갈 수 있고, 작정하고 독서를 하면 1,000권도 볼 수 있고, 사랑하는 사람과 엄청나게 많은 추억을 쌓을 수도 있다. 따라서 이 긴 시간 동안 반드시라고 해도 좋을 정도로 힘든 순간이 온다. 힘든 경험을 해보지 않고, 강한 불안으로 밑바닥까지 몰려보지 않은 사람은 결국 힘든 순간이 오면 크게 쓰러진다. 사실 우리는 실패를 하고 밑바닥으로 몰려서 죽고 싶은 체험을 해야만 한다. 될 수 있으면 젊은 시절에 해야 한다. 나이가 들어서 밑바닥으로 추락하는 것보다 더 수월하기 때문이고, 젊은 시절부터 세상을 정확히 알고 나면 시행착오가 크게 줄어들기 때문이다. 젊은 시절부터 세상을 정확히 인식하면, 더 조심스럽게 살아가고, 결과적으로 성공확률도 높아지며, 어지간한 일에는 동요하지 않게 된다. 그래서 더 나은 삶을 살아갈 확률이 커진다. 그러나 나이가 들면 여러 모로 힘들다. 물론, 나이가 들어서도 일어설 수 있지만, 대개 젊었을 때 아무런 고민 없이 중년까지 자란 사람들은 중년 이후의 실패에서 일어서지 못한다. 물론 예외는 있다.

사람이 불안해서 파괴적인 체험을 하게 되면, 자칫 목숨을 끊어버릴 수도 있고 재기(再起)하지 못 할 수도 있다. 그런 위험성도 내포하고 있다. 그러나 그런 위험성이 있음에도 불구하고, 파괴적인 체험은 거의 대부분 도움이 된다. 왜냐하면 진정한 자신을 만날 기회를 제공해주기 때문이다. 불안에 지쳐 머리카락도 풀어헤치고 수염도 깎지 않고 벌레처럼 방구석에서 기어다니다 보면 자신에게 반문하게 된다. '나는 왜 사는 거지?' 삶의 존재 이유를 찾게 되는 것이다. 그리고 '나는 누구인가?'를 묻게 된다. 자신의 본질을 찾아 나서게 된다. 그래서 거울을 보고 자신에게 묻는다. 너는 도대체 뭐냐? 네가 원하는 것은 무엇이고, 너는 삶에서 무엇을 기대하느냐? 너는 어떻게 살기를 바라느냐?' 그러면서 자신의 맨몸을 목격하고, 큰 충격을 받게 된다. 진정한 자신을 깨닫게 되면서 각성(覺醒)을 하게 된다. 밑바닥까지 몰리면 자존심이고 체면이고 그런 것은 하나도 남아 있지 않는다. 진짜 가장 소중한 것만 남게 된다. 모든 거추장스러운 옷은 다 버린다. 그래서 자신의 모든 것에 솔직하게 답하게 된다. 마치 모진 고문을 받아

죽을 것 같은 순간에 다 고백하는 것처럼, 세상의 불안이라는 채찍에 고문을 받아 다 고백하게 된다. 그래서 누구보다도 진솔하게 된다. 그것은 힘든 경험이다. 그러나 큰 도움이 된다. 자신이 어떻게 이 세상을 살아갈 수 있을지에 대한 명확한 답을 누구보다도 정확하게 할 수 있게 만들기 때문이다. 그러면서 삶에 대한 결론을 내릴 수 있게 된다. "남에게 피해 주는 범죄 말고는 모두 괜찮다. 열심히 살자." "남의 눈을 의식하지 말자. 내 인생을 살자." 이런 결론에 도달한 사람은 누구보다도 강인해진다. 그러면서 "내 가슴이 시키는 대로 살자. 내 가슴에 솔직할 수 있는 용기를 발휘하자."는 말을 자연스럽게 하게 된다. 그리고 덤덤하게 이런 말까지 할 수 있게 된다. "죽을 때 죽더라도 한번 해보자. 안 되면 죽기밖에 더하겠는가. 죽어야 한다면 담담하게 죽음을 받아들이자. 황산벌의 계백 장군처럼 목숨을 걸고 살자. 그러면 반드시 될 테니까!" 사람이 이토록 독해지고, 강인해지는 것이다. 불안이 이 세상에서 누구보다 강한 사람을 만드는 것이다. 불안이 존재하기 전에는 세상을 모르는 철딱서니에 불과했는데, 불안이 누구보다도 강인한 최고의 장군이자 리더를 탄생시킨 것이다. 이 것이 불안의 힘이고, 불안의 매력이다.

불안한 사람은 정말로 열심히 한다. 초인적인 힘을 발휘한다. "맨 정신으로 어떻게 그런 일을 할 수 있었는가?"라고 묻지만, 미치면 가능하다. 즉 불안은 이성(理性)을 마비시키고, 사람을 미치게 만드는 힘을 가지고 있다. 부정적인 쪽으로 미치면 정말 미쳐버리는 것이지만, 건전한 쪽으로 미치면 목숨 걸고 일을 하는 쪽으로 발현되는 것이다. 그래서 도저히 인간이 했다고는 볼 수 없는 일을 해내게 된다. 그래서 초인(超人)이 되는 것이다. 인간의 삶이란 선택의 문제다. 최악의 순간에도 최고를 선택할 수 있고, 실제로 최고가 될 수 있기 때문이다. 사실 이 세상의 모든 것이 핑계가 된다. 못 하겠다고 생각하면 아무 것도 못 한다. 아무리 조건이 좋아도 그렇다. 마음을 약하게 먹는 순간, 아무 것도 안 되기 때문이다. 그러나 반드시 해내겠다고 생각하는 순간, 모든 것이 최고의 조건으로 작용하게 된다. 머리가 안 좋으면 더 열심히 하면 되고, 가난하면 가난을 자극제로 삼아서 더 열심히 뛰면 되는 것이다. 실제로 성공하는 사람들은 불안을 긍정적인 쪽으로 활용하며 살았다. 그래서 못 하겠다는 것이 아니라, 언제나 "그래서 할 수 있다."고 했다. 즉 체력이 떨어지니까 못 하는 것이 아니라, "체력이 떨어지니까 스마트하게 일을 하면 된다."고 했다. 암기능력이 떨어지니까 못 하는 것이 아니라, "창의적인 능력으로 암기능력을 압도할 수 있다."고 했다. 되는 사람은 언제나 된다고 말하고, 안 되는 사람은 언제나 안 된다고 말한다. 그러나 되는 이들이 불안하지 않은 것은 아니다. 불안하기 때문에 더 열심히 하는 쪽으로 움직여 불안을 불살라버리는 것이다. 만약 불안하다고 아무것도 안 하면 어떻게 될까? 그러면 불안한 나머지 지레 미쳐버릴 수 있다. 불안할 때는 입술을 꽉 깨물고 열심히, 아니 미치도록 노력하면 불안이 씻은 듯이 사라진다. 그래서 결과를 만들어내면 자신감마저 생긴다. 불안은 "인생을 바꿀 역사적 전환점"으로 작용한다. 사람들은 모두다 불안하다. 불안하지 않은 사람은 없다. 안 되는 사람들은 불안해서 열심히 안 하고 걱정만 하고 있으므로 진짜 미쳐버리고 만다. 그러나 되는 사람은 불안하지만 그것을 일에 미침으로써 극복하는 것이다. 즉 안 되는 사람과 되는 사람 모두 미치기는 하지만, 어느 쪽으로 미치느냐에 따라 전혀 다른 결과를 내는 것이다.

사람은 완전히 밑바닥으로 떨어져야 한다. 그래서 죽고 싶다는 말이 저절로 나와야 한다. 완전한 폐인이 되기 일보 직전까지 가 봐야 한다. 완전 "미친놈"이 되어 봐야 한다. 나는 그런 파괴적인 경험이 있는 사람을 적극적으로 환영한다. 왜냐하면 그런 극(極)에 서 있는 사람만이 극(極)으로 돌아설 수 있기 때문이다. 극(極)과 극(極)은 서로 통한다. 그러나 흐물흐물 살고 있는 사람은 인생을 변화시킬 수 없다. 변화해야 할 뜨거운 유인(誘因)이 없기 때문이다. 변화는 뜨거우면 뜨거울수록 그 폭이 커진다. 사업에 성공한 사람들을 살펴보면 대부분 먹고 살기 위해서 죽기 살기로 사업을 한 경우가 많았다. 그들은 실제로 먹고 살기 위해 필사적으로 일했고, 목숨을 걸며 노력했다. 그 결과 성공할 수 있었다. 무엇을 하든 목숨을 걸고 덤비는 사람은 이길 재간이 없다. 그 사람은 반드시 성공한다. 무엇이라도 이룬다. 그것은 사업을 하든, 직장생활을 하든 마찬가지다. 지금의 직장생활도 그렇다. 아무리 임원 되기가 힘들다고 하더라도, 별 보고 출근해서 별 보고 퇴근하면 임원이 될 것이다. 아무리 머리가 안 좋아도 남들 1번 볼 때 10번 보면 반드시 성과를 낼 수 있다. 크게 노력하는 사람은 크게 된다. 그리고 그런 노력을 하려면 밑바닥으로 떨어지는 체험을 해야 한다. 사람의 능력은 대개 비슷하므로 목숨을 거느냐, 정신을 차리고 하느냐에 모든 것이 달려 있다고 해도 과언이 아니다. 인생은 결국 정신으로 결정된다. 정신만 바짝 차리면 호랑이굴에 들어가도 살아 돌아올 수 있는 것이다. 군대도 군인들의 정신이 살아 있으면 몇 배의 적군을 물리칠 수 있다.

우리들은 불안을 자신을 대면할 기회로 삼아야 한다. 힘들면 힘들수록 겸허해지는 것이 사람이다. 죽음을 코앞에 두고 있는 사람이 가장 솔직하고 정직하다. 힘들어서 자살까지 생각하면 굉장히 정직해진다. 너무 불안하다면 모든 것을 손에서 놓고 겸허하게 자신은 누구인지 물어보자. 어떤 삶을 살아야 할지, 무엇을 가져야 하고, 무엇을 포기해야 하는지를 물어보자. 그리고 나는 내 삶에서 무엇을 기대하는지, 나는 무엇을 이루고 싶은지를 물어보자. 간절한 마음으로 질문의 답을 생각해보자. 편하게 인생을 살려는 안이한 자세는 완전히 버리자. 남들의 눈을 의식하는 부끄러운 자세도 버리자. 그리고 목숨을 걸고 노력하자. 그러면 된다. 지금 불안하다면 내 인생을 근본적으로 바꿀 터닝 포인트 앞에 서 있는 것이다. 진정한 자신을 만나면 자연스럽게 인생의 정답을 알게 된다. 그러면 내 인생은 근본적으로 변하게 된다. 극(極)과 극(極)은 통한다. 밑바닥이라는 극으로 가서 최고라는 극으로 치고 올라가자. 불안은 나를 만나게 하고 그 결과는 승리이다.

03 정답은 없다, 무조건 당신이 옳다

불안을 극복하는 주체는 당신이다

사람들은 다른 사람에게서 불안의 해결책을 찾는다. 그러면서 절망한다. 왜냐하면 도저히 따라할 수 없기 때문이다. 우리는 학창시절 서울대 법대에 합격한 학생들의 합격기를 보았다. 그때 느낀 기분은 대체로 이렇다. '도저히 따라할 수 없다.' 인생을 살 때는 교과서가 도움이 되기도 하지만, 전통적인 교과서가 내 인생에는 전혀 맞지 않는 경우도 있다. 나는 정말 부족한 사람일 수도 있고, 경제적으로 너무 가난할 수도 있다. 또한 아버지가 감옥에 다녀온 사람일 수도 있고, 말하기 부끄러운 직업에 종사할 수도 있다. 가령, 삼국지를 보더라도 그것을 그대로 적용하기에는 어려움이 있는 것이다. 물론 많은 지혜를 쌓을 수 있지만, 그것을 내 인생에 그대로 적용하기란 여간 어려운 일이 아니다. 그래서 많은 사람들이 실망한다. 책을 보아도 전혀 달라지지 않기 때문이다. 결국은 자신에게 맞는 방식을 찾아가야 한다. 일류에게는 일류의 방식이, 삼류에게는 삼류에게 맞는 방식이 있다. 즉 삼류는 삼류에게 맞는 방식으로 일류보다 더 나은 결과를 만들어내면 된다. 마쓰시타 고노스케는 오사카 촌놈이라 불리며 일본의 비즈니스계에서 온갖 무시를 당했었다. 그도 그럴 것이 학력이 보잘 것 없었기 때문이다. 그러나 그는 부족한 머리를 많이 듣고 배우고 공부하는 것으로, 체력이 부족한 것을 열심히 운동하는 것으로, 가난한 환경을 열심히 일하는 것으로 극복했다. 즉 삼류에게 맞는 방식을 만들어냈던 것이다.

스티브잡스는 누구인가? 리드 대학 철학과를 중퇴한 사람 아닌가? 주류도 아니고 취업도 어려운 철학과에 그것도 중퇴라니! 한국에서는 말할 것도 없고, 실제 미국에서도 만만치 않은 어려움이 있었다. 그러나 그는 자신만의 방식으로 정답을 창조했고, 그것으로 새로운 길을 만들었다. 즉 삼류만의 방식을 만들어냈던 것이다. 조선의 창업주 이성계는 누구인가? 변방(邊方)의 장군이었다. 당시 신진사대부들은 권문세족에 비해 많이 뒤처지는 사람들이었다. 그러나 새로운 시대를 창조해 새로운 개혁을 이끌었다. 중요한 것은 자신만의 방식이다. 자신만의 방식으로 어려움을 극복하면 된다.

그렇다면 무엇이 중요할까? 자신에게 맞는 생각을 많이 해야 한다. 자신만의 정답을 찾아야 한다. 그리고 실행해야 한다. 각자에게 맞는 정답은 다 다르기 때문이다. 이 세상에는 70억 인구가 있다. 그러나 모두 얼굴이 다르게 생겼다. 심지어 쌍둥이마저도 다른 점이 있다. 인생을 살아가는 방식도 같은 듯 하면서 다 다르다. 미세하게 모두 다르다. 성격도 완전히 같은 사람이 없다. 생년월일이 같아 사주(四柱)가 같게 나온 사람도 전혀 다른 삶을 살아간다. 심지어 쌍둥이마저도 전혀 다른 삶을 살아간다. 같은 것은 없다. 오직 자기 자신만이 있을 뿐이다. 그래서 자기 자신의 삶을 어떻게 살아갈 것인지, 어떻게 성공으로 이끌 것인지, 자신만의 정답은 무엇인지에 대해 목숨을 걸고 생각하는 것이 절대적으로 필요하다. 필사적으로 생각해야 한다. 그래서 반드시 자신만의 길을 만들어내야 한다. 그 길을 만들고 못 만들고의 차이가 결국 성공과 실패를 가른다. 성공이란 결국 자기의 컬러를 세상에 드러낸 것으로, 자기의 색깔을 분명히 알고, 그것에 역량을 최대한 집중한 결과이기 때문이다.

인생은 결국 차별화를 만들어낼 수 있느냐, 없느냐로 결정된다. 차별적 가치를 생산하는 사람은 승자가 되고, 아무런 결과도 만들어내지 못 하는 사람은 평범한 삶을 살아간다. 정확히 말하면 항상 힘들고 초라한 삶을 살아간다. 남의 인생을 따라하면 차별화를 할 수 없다. 자기의 색깔을 충분히 잘 나타냈을 때에야 좋은 결과를 낼 수 있다. 즉 자기 역량에 대한 집중이다. 사람은 신(神)이 아니다. 다 잘할 수 있는 것도 아니고, 관심사가 다른 부분은 아예 모르는 경우도 많다. 이 세상의 모든 부분에 대해 박사만큼의 지식을 지니고 있는 사람은 아무도 없다. 오직 자기가 잘 아는 것만 알 뿐이다. 관심사에서 집중이 나오고, 집중에서 결과가 나온다. 자기에게 집중해야 한다. 그래야만 진정한 차별화가 된다.

직장생활을 하든, 창업을 하든 결국에는 끝장을 보겠다는 생각으로 해야 한다. 안 되면 뼈를 묻고 그 자리에서 죽겠다는 자세가 필요하다. 그 정도의 각오로 밀어붙여야 한다. 어떤 분야든 성공하는 사람은, 될 때까지 하는 사람이다. 말은 쉽다. 그러나 그 과정이란 정말 힘들고 어렵다. 사업에서 성공한 사람이든, 직장에서 성공한 사람이든 다 똑같다. 말은 겸손하게 하지만, 마음속에 칼을 품고 생활했다. 심지어 새벽 3시부터 일했다. 그렇게 매일을 치열하게 보냈다. 늘 생활리듬을 계산하고, 결과에 대한 계산을 하고 살았으며, 항상 상대방의 마음을 얻기 위해 생각하고 또 생각하며 살았다. 중국집으로 성공한 사장님의 이야기를 들어봐도 그렇다. 정말 어떻게 그렇게 열심히 살 수 있는지, 사람의 마음을 사기 위해 얼마나 노력을 했는지 들어보면 놀랄 정도다. 직원을 수천 명 거느린 기업가들도 마찬가지다. 그들은 최대한 단순하게 살았다. 핵심에 집중하면서 역량을 강화하고, 늘 일을 진행하면서 살았다. 그 결과 그가 있을 수 있었다. 그는 한번도 실패하지 않았을까? 당연히 실패했고, 어려움을 겪었다. 성공한 사람 중에 실패하지 않은 사람을 찾아보라고 하면 전 세계에서 단 1명도 찾지 못할 것이다. 만약 그런 사람이 있다면 반드시 중년 이후에 어려움을 겪을 것이다. 실패 없는 성공, 눈물 없는 성공은 없기 때문이다.

삶이란 다 그런 것이다. 언제나 끝장을 보겠다는 마음으로 해야 한다. 조금 힘들다고 도망가면 안 된다. 불안감은 당연히 든다. 마음에 묵직한 무언가가 있다. 그런 것이 없다면 사람이 아니다. 인간의 심장이 아닌 심장을 가지고 사는 사람이다. 그런 삶은 정상이 아니다. 이미 몸과 마음이 병든 것이다. 긴장과 불안감은 필요하다. 그런 불안감을 안고, 미친 듯이 치열하게 앞으로 나아가는 것이다. 숨을 쉬지 않으면 살 수 없기에 필사적으로 고개를 내밀고 수영을 하듯이, 죽기 살기로 하는 것이다. 만약 수영 중에 누가 내 머리를 바다 속으로 누른다면 나오기 힘들다고 가만히 있는가? 나오려고 발버둥칠 것이다. 세게 누르면 더 필사적으로 나오려고 할 것이다. '에이, 힘들어, 그러니까 안 나올래.'라고 생각하는 사람은 한 명도 없다. 불안도 마찬가지다. 내 머리를 불안의 바다 속으로 밀어 넣을 때 '에이, 불안하니까 그냥 안 할래.'라고 하면 안 된다. 그 힘든 고통을 이겨내고 나와야만 불안이 극복되고, 제대로 된 삶을 살아갈 수 있기 때문이다. 삶은 고통스럽다. 그러나 그것을 이겨내야만 제대로 살아갈 수 있다.

우리의 인생은 결국 자기만의 길을 만드는 것이다. 직장생활을 하더라도 그렇고, 자기 사업을 해도 그렇다. 불안을 이겨내는 코드도 결국 자기만의 공식, 자기만의 삶의 방정식에 있다. 돈, 대인관계, 건강 등 모든 문제가 자신만의 공식에 달려 있다고 해도 과언이 아니다. 힘들다고 무작정 아무 생각 없이 남을 따라하며 사는 삶은 미친 삶이다. 예를 들어 스티브잡스를 따라 한다고 해보자. 스티브잡스, 사람들은 대부분 그가 멋지다고 생각한다. 지하철을 타면서 스티브잡스 책을 옆에 끼고 다니면 폼이 난다. 자신이 마치 스티브잡스가 된 것 같다. 그런 것은 나쁘지 않다. 문제는 스티브잡스를 무작정 따라해서는 안 된다는 것이다. 반드시 '자기화' 해야 한다. 스티브잡스의 말과 행동을 곱씹어보아야 한다. 그래서 반드시 이해를 하고, 자기의 것으로 만들어야 한다. 이때 이해는 자기 마음대로 해도 좋다. 자기 좋을 대로 이해해도 좋다는 말이다. 반드시 교과서적으로, 일률적으로만 해석할 필요는 전혀 없다. 그런 식으로 접근하면 내 삶에 적용도 안 되고, 진정한 발전과 진보가 없다. 항상 내 마음대로 해석하고, 그로써 내 인생과 이 세상을 변화시키겠다는 본질에 집중하면 그것보다 훌륭한 공부는 없는 것이다.

불안하다면 결국 자신을 만나야 한다. 다른 사람들과 상담하되, 마지막 책임은 자기가 지는 것이다. 남들의 말을 무작정 따르면 안 되고, 충분한 비판을 해야 한다. 그리고 자기에게 맞는 옷으로 바꾸어야 한다. 그것이 무엇이 되었든 자기의 것을 만들 수 있으면 된다. 자기가 즐거우면 무엇을 하더라도 생활 문제는 자연스럽게 해결된다. 자기에게 맞으면 어떤 사람을 만나더라도 행복한 결혼생활을 할 수 있다.

나의 본질을 충분히 발휘할 수 있다면 어디에서 무엇을 하더라도 성공할 수 있고, 행복을 얻을 수 있다. 그래서 나의 성향을 잘 보아야 하고, 나의 관심사에 주목해야 하며, 나의 특성을 잘 알아야 한다. 그렇게 살면, 삶은 달라진다. 삶이 달라지면 불안은 조금씩 다른 형태로 변화가 된다. 삶이 근본적으로 변화되더라도 불안은 언제나 내 옆에 존재한다. 내가 빌게이츠가 되더라도 노벨상을 받더라도, 로켓을 타고 우주로 가더라도 불안은 사라지지 않는다. 그것은 본질이다. 내가 몸을 타고 났고, 우주에 살고 있는 한 그렇다. 내가 나만의 정답을 가지고 살아가면, 내 삶은 변화되고, 그러면 불안도 건전한 요소로 작용하게 된다. 불안과 건전하고 행복한 동행을 하게 되는 것이다.

삶이 불안하다면, 무엇보다 자신의 가슴으로 파고들어야 한다. 집중해야 할 초점을 좁히고 더 좁혀야 한다. 나는 지금 노트북 모니터를 보고 글을 쓰고 있다. 내가 노트북 모니터에 집중하고 있

듯 여러분들도 여러분의 가슴에, 본질에, 관심사에, 인생에 집중
해야 한다. 그러면 자신도 모르는 사이에 불안은 다른 모습으로
다가오게 된다.

04 직접 해보기 전까지는 아무도 모른다

불안은 충분히 극복할 수 있다

우리는 왜 태어났을까? 여러분은 그 이유가 궁금하지 않은가? 나는 무척 궁금하다. 나는 오랜 생각 끝에 결론을 내릴 수 있었다. 사람은 뭔가 이루기 위해서 태어났다는 것이다. 즉 밥 먹고 살기 위해서, 사랑하는 사람과 사랑을 나누기 위해서, 놀기 위해서가 아니라 어떤 소명(召命)을 이루기 위해서 태어났다는 것이다. 그리고 그것은 근본적으로 나의 만족을 위해서 하는 것이다. 그것은 내 가슴을 솔직하게 따르는 것이고, 내가 가장 행복하게 살 수 있는 길이다.

우리는 이런 소중한 소명을 타고났는데, 매일 불안해하며 인생을 갉아먹고 있다. 아무것도 하지 않으면서, 혹은 파괴적인 행동을 하면서, 혹은 고민만 하면서, 혹은 스트레스와 처절한 사투를 벌이면서 살고 있다. 우리는 이 불안이라는 요소와 대결하여 잡아먹고, 삶아먹고, 뼈까지 완전히 먹어버려야 한다. 그래야 올바른 삶으로 나갈 수 있다. 불안을 이기기 위해서는 역시 자신으로 돌아가야 한다. 불안을 이기는 몫은 자신의 역할이기 때문이다. 자신으로 돌아가서 자신의 잠재능력을 발휘하는 쪽으로 가야 한다. 사람은 실제로 자신의 잠재능력을 얼마나 발휘하는가? 인류의 대부분은 능력의 5퍼센트도 발휘하지 못 하고 산다. 실제로 자기가 가진 능력의 20퍼센트만 발휘하면, 그 사람은 세계적인 인물이 된다고 한다. 이것이 진실이다. 일본의 지방대 출신이 노벨상을 받았듯이 노벨상을 얼마든지 받을 수 있고, 세계 최고의 발명을 할 수 있으며, 세계적인 기업을 창업할 수 있고, 세계적인 수준의 예술을 할 수 있고, 자기만의 방식으로 새로운 삶의 모델을 창조할 수 있다. 당신의 능력을 20퍼센트만 발휘한다면 말이다.

나의 모친은 여성의 대학 진학률이 낮았던 그 당시, 4년제 대학을 차석(次席)으로 졸업했다. 당시 학과 동기들은 대부분 대학 교수로 일하고 있다. 어머니도 대학 교수가 충분히 될 수 있었지만, 당시에는 여자가 프로로 활동하는 분위기가 아니었다고 한다. 아버지 집안이 경제적으로 풍족했으므로 일하지 않았다. 어머니는 30대쯤에 침술을 배웠다. 당시 굉장히 노력을 하여 침술을 배웠고, 실제로 침 시술도 하셨다. 입시학원도 운영하셨고, 정규 조리사 자격증도 따셨으며, 영업을 해서 좋은 결과를 내기도 하셨다. 하지만 지금 어머니는 아무것도 하지 않으신다. 어머니는 "역시 사람은 자신의 재능을 5퍼센트도 활용하지 못 하고 간다는 말이 맞는 것 같다."고 하셨다. 나의 큰 외삼촌도 안과 의사를 하시는 둘째 외삼촌보다 공부를 더 잘했고, 명문대 공대를 졸업했으며, 발명(특허)도 많이 했었다. 그러나 사업적으로 큰 성공을 거두지는 못 했다. 분명 대단히 머리가 좋으신 데도 말이다. 사람들은 대부분 자신의 능력을 발휘하지 못 하고 사는 것이다.

결국 자신의 한계를 돌파해야 한다고 생각한다. 자신의 한계를 극복한 경험이 있느냐 없느냐로 미래가 결정된다고 생각한다. 어떤 분야든 관계없이 그렇다. 이것은 능력이 있고 없고의 문제가 전혀 아니다. 성공은 타고난 능력도 중요하지만 대부분의 사람들은 능력이 비슷하기 때문에 인내와 끈기, 집념과 투지, 끝을 볼 때까지 하는 태도에서 결과의 차이가 난다. 대부분의 한국 사람들은 명문대를 졸업하지 못 하면 자신은 머리가 좋지 않다고 굳게 믿고 있다. 공부를 잘 해도 수능시험을 못 봐서 좋은 대학에 못 들어가면 능력이 부족하다고 생각한다. 그리고 상대적으로 명문대를 졸업한 학생들은 자신이 뛰어나다고 생각하고 죽도록 노력을 하지 않는다. 그리고 뭐든지 조금 쉽게 성과를 내려고 한다.

그래서 명문대생은 명문대생대로, 비명문대생은 비명문대생대로 성과를 내지 못 하고 있다.

자신의 능력을 자신이 알까? 나는 전혀 모른다고 생각한다. 직접 해보기 전까지는 자신의 능력을 전혀 알 수 없기 때문이다. 안데스 산맥의 조난 사고에서 생존한 '난도 파라도'라는 사업가가 있다. 그 사람은 엄청난 사람으로 기억되고 있다. 그러나 그가 만약 안데스 산맥에서 조난 당하지 않았다면 조난 환경에서 살아남을 수 있는 생존능력이 있는 줄 알았겠는가? 그는 식인(食人)을 하는 극단적인 경험 속에서 살아남았다. 그는 삶의 가치관이 송두리째 바뀌는 경험을 했고, 결국 사업에서도 큰 성공을 거둘 수 있었다. 고난을 피하지 않고 적극적으로 대하고, 삶을 즐기고, 인간의 삶이 완전하지 않다는 것을 알고 살았기 때문이다. 극한 체험에서 얻은 실전적 지혜와 철학(哲學)들을 떠올리며 살았던 것이다. 그가 만약 조난을 당하지 않았다면 아마도 전혀 다른 삶을 살았을 것이다. 이것은 다른 경우에도 그대로 적용된다.

가난은 사람을 변화시킨다. 강한 사람이 되는 것이다. 자수성가형 인간으로 유전자 자체가 바뀐다. 그러나 상대적으로 편한 환경에서 자라면 몸과 마음 모두 느긋해진다. 자신 안에 유전자가 있어도 전혀 다르게 발현되는 것이다. 축구선수로 대성(大成)할 사람도 축구를 직접 해보아야 축구를 잘 하는지 알 수 있고,

작가로 대성할 사람도 글을 직접 써보아야 글을 잘 쓰는지 알 수 있다. 노래와 춤도 마찬가지다. 여행도 그렇다. 말도 그렇고, 사업도 그렇고, 옷을 디자인하는 일도 그렇다. 직접 해보기 전까지는 모른다. 막연한 느낌이 있다면 일단 해봐야 한다. 그것이 어느 정도 맞다는 느낌이 오면, 목숨을 걸어야 한다. 그래서 뼈를 파묻어야 한다. 그러나 대부분의 사람들은 이런 인생의 변화를 맞이하지 못한다. 자신에게 맞는 것도 찾지 못 하고, 대성하지도 못한다. 왜일까? 목숨을 걸고 하지 않기 때문이다. 자신의 한계를 극복하지 못 하기 때문이다. 끝까지 가지 못 하기 때문이다. 조금 힘들면 도망치기 때문이다.

예를 들어 내가 쇠고기 숯불구이집을 창업했다고 하자. 그런데 이때 광우병이 온 것이다. 그래서 돼지고기 가스불판구이집을 창업했다. 그런데 이번엔 돼지 콜레라가 온 것이다. 그래서 치킨집으로 업종을 변경했는데, 이때 마침 조류 독감이 왔다. 쇠고기를 파나, 돼지고기를 파나, 치킨을 파나 다 어렵다. 다 힘든 고비가 오고, 운(運)이 따르지 않는 순간이 온다. 그러나 그때마다 도망치면 어떻게 될까? 당장은 좋아 보일지 모른다. 그러나 결정적인 고비는 언제나 다시 찾아오며, 그 고비는 과거의 힘든 때와 다르지 않다. 결국 앞에서 고비를 넘기지 못한 사람은 뒤에서도 넘기지 못 하는 것이다. 그래서 끝끝내 성공하지 못 하고, 패배자의 삶을 살 수밖에 없는 것이다.

　사람들은 대부분 한계가 비슷하다. 축구를 하면 숨이 차서 오래 못 뛴다. 그럼 축구선수들은 숨이 안 찰까? 그들도 똑같은 사람이다. 죽을 것 같은 고통을 참고 하는 것이다. 그리고 계속 단련하면서 자신의 한계치를 높여온 것이다. 어느덧 고통이 덤덤해지고 자연스러워진 것이다. 이것은 역기를 드는 것과 똑같다. 처음 헬스클럽에서 운동을 하면 10Kg짜리 역기를 드는 것조차 힘들다. 그러나 매일 들면 무게가 늘어난다. 나중에는 50, 60Kg도 거뜬하게 들게 되는 것이다. 물론 힘도 들지 않는다. 마라톤을 해도 마찬가지인데, 처음엔 대부분 먼 거리를 뛰지 못한다. 10Km도 뛰지 못한다. 그러나 6개월간 꾸준히 뛰면 42.195Km를 완주할 수 있게 된다. 처음에는 상상도 할 수 없었던 거리지만, 결국에는 그 거리를 뛰어 버리는 것이다.

　모든 일이 다 그렇다. 모든 성공이 다 그렇다. 처음에는 못 한다. 남들이 보기에는 엄청나 보이지만, 자신이 해보면 그것이 별것이 아니라는, 그렇게 어렵지 않다는 것을 느끼게 되는 것이다. 나도 지금 1년에 20권 정도의 책을 집필하려고 생각하고 있다. 과거에는 생각지도 못 한 일이지만, 지금은 그렇게 대단한 일이 아니라고 생각한다. 한계를 계속 극복하면서, 이제는 이 정도는 충분히 할 수 있을 것이라고 느끼기 때문이다.

　불안하다면 열심히 노력해야 한다. 그래서 자신의 한계치를 계속 극복해야 한다. 한계란 자신이 만든 것에 불과하다. 우리는 한계를 극복함으로써 성장해야 한다. 우리가 어디까지 성장할지 정확히 가늠할 수는 없다. 노력을 멈추지 않는 한 끊임없이 성장하기 때문이다. 대부분의 사람들은 자신의 두뇌 능력의 1%밖에 발휘하지 못 하고 있고, 우리도 예외는 아니다. 우리의 발전 가능성은 현재 우리가 발휘하고 있는 능력의 거의 100배에 이른다는 것이다.

우리는 노력해야 한다. 불안할 때마다 '한계'를 생각하면서 나아가야 한다. 자신의 한계를 한 고비 넘기고, 또 넘길 때마다 자연스럽게 새로운 역사가 쓰여진다. 그렇게 하면 자신의 개인적인 문제는 자연스럽게 해결된다. 즉 고민거리가 되지 않는 것이다. 그때부터는 개인의 문제를 넘어 조직의 문제, 더 나아가 국가의 문제로 넘어간다. 즉 자신의 문제를 위해서 살지 않고, 다른 사람과 이 세상을 위해서 사는 것이다. 세상을 위해서 진지한 노력을 하는 것이다. 그러면 정말 즐겁게 된다. 보람도 남다르게 된다. 자기를 위해서 음식을 하면 별로 기쁘지 않지만, 남을 위해서 음식을 하면 대단히 기쁜 것처럼 남을 위해서 살면 그 기쁨이 10배 이상이 된다.

삶이란 본래 힘든 것이다. 그리고 불안한 것이다. 끝장을 보겠다는 마음과 타는 듯한 노력이 겸해졌을 때에 불안은 극복된다.

하면 된다. 걱정할 필요가 없다. 정답은 무아지경으로 몰입하는 것이다. 무아지경으로 자신의 한계를 극복하는 것, 그것이 불안과 동행하는 해법이다.

바다를 무서워하지 않는 사람은 머지않아 익사할 것이다.
바다를 두려워하기에 우리는 이따금씩 익사할 뿐이다.

– J.M.싱 –

05 불안한 것은 불안을
똑바로 쳐다보지 않아서다

불안의 진짜 이유는 숨겨져 있다

문제의 원인을 아는 자는 강하다. 왜냐하면 문제를 조만간 극복할 수 있기 때문이다. 문제의 원인을 모르는 것만큼 심각한 일은 없다. 원인을 모르면 병에 걸려도 고칠 방도가 없다. 불안도 마찬가지다. 원인을 알면 답이 보인다. 불안한 원인을 찾아 들어가야한다. 그것을 알면 불안이 사라진다. 그러나 불안의 원인을 알기란 쉬운 일이 아니다. 불안은 대체로 막연한 형태로 존재하기 때문이다. 즉 눈에 드러난 문제로 불안해하는 것이 아니기 때문이다. 그래서 일견 문제가 없는데도 불안해하는 것처럼 보인다. 하지만 문제가 없다고 단언하기는 어렵다. 왜냐하면 드러난 부분 밑에 잠재되어 있는 빙산의 뿌리가 있기 때문이다. 따라서 불안은 실제로 존재하는 것이다. 따라서 "불안은 존재가 있되, 없는 것"이다. 그래서 복잡한 것이다.

빙산의 뿌리는 잠겨 있더라도 물 밑에 들어가면 찾을 수 있다. 이렇게 불안의 요소들을 모두 물 밖으로 끄집어 올리는 노력을 해야 한다. 도대체 내 불안이 어디서 기인한 것인지에 대해 정확히 밝혀야 한다. 불안은 나의 무의식 세계에 잠재된 것일 수도 있다. 찾으려고 애써도 안 찾아질 수도 있다. 그래서 때로는 멍 하니 있을 때 불안의 실체가 머리를 스쳐가기도 한다. 그때는 그것을 잡아채야 한다. 불안을 드러내기 위해서는 종이에 적는 것이 가장 좋다. 그렇게 불안을 정리하는 것이다. 내가 능력이 안 되는 경우도 있고, 인간관계가 문제인 경우도 많다. 직장에서도 그렇고, 가정 내에서도 그렇다. 친구관계도 문제가 있을 수 있다. 그것은 왕따일 수도 있고, 폭행일 수도 있다. 성희롱, 성추행, 성폭행일 수도 있다. 중상모략일 수도 있다. 대화가 통하지 않는 문제일 수도 있다. 내 성격상의 문제일 수도 있다. 상처를 너무 잘 받아서, 너무 희생하며 살아서, 분명하고 확고하지 못 해서일 수도 있다. 그리고 일의 문제일 수도 있는데, 이것도 매우 다양하다. 불안의 원인은 다양하지만, 해결방법은 의외로 간단하다. 해결책이 나오든가, 안 나오든가 두 가지 경우뿐이기 때문이다. 해결책이 나온다면, 해결책대로 하면 된다. 해결책이 나오지 않는다면 무시하면 된다. 실타래가 풀리지 않으면 실타래를 풀려고 해서는 안 된다. 실타래를 끊어버리든지, 불태워버려야 한다. 눈에 드러난 문제일 때는 이렇게 하면 된다. 그러나 눈에 드러나지 않는 문제들도 있다. 상대방의 생각이나 장래의 문제가 그렇다. 그때에는 어떻게 해야 할까? 바로 정면으로 맞닥뜨리거나, 그저 최선을 다해서 살아가면 된다. 그리고 정 안 되면, 실패를 감수하면서 가는 것도 좋다. 그렇게 실패를 하면서 살아가다 보면 틀림없이 새로운 길이 나타나기 때문이다.

불안하다면 불안한 이유에 대해 글로 적어보는 시간을 가지는 것이 좋다. 나도 불안하거나 두렵거나, 인생에 불만사항이 있거나 하면 차분하게 글로 적어본다. 무엇이 문제인지, 내가 무엇을 기대하고 있는데 무엇이 잘 되고 있지 않은지, 그렇다면 나는 어떻게 살아야 하는지에 대해서 정리하는 시간을 갖는다. 그러면 무엇을 포기해야 하는지를 알 수 있다. 지금 내가 무엇 때문에 힘든지, 무엇을 버리면 행복에 이를 수 있는지 알게 된다. 그리고 지금 내 삶에서 무엇이 가장 큰 문제인지를 알게 된다. 그러면 그것을 해결할 노력 혹은 해결방법 등을 도출할 수 있고, 그것에 최선을 다해서 집중하면 된다. 분명한 것은 지금 극복하는 것이 가장 쉽다는 것이다. 지금은 내 통제범위 내에 있기 때문이다. 그러나 미래는 어떻게 될지 모른다. 즉 나의 통제범위를 벗어난다. 아무리 열심히 극복하려고 해도 미래의 문제를 지금 당장 어떻게 할 수가 없다. 걱정을 해도 달라지는 것은 아무것도 없다. 장래가 걱정된다면, 눈에 보이지 않는 것들이 걱정이라면 지금 열심히 하면 된다. 만약 심각하게 문제라면, 지금 목숨을 걸면 된다. 그때 가서 목숨을 거는 것보다 지금이 훨씬 낫다. 지금의 고통은 내가 피부로 겪으면서 충분히 감당할 수 있고, 통제할 수 있기 때문이다.

만약 지금 해결할 수 없는 고민이라면 포기하면 된다. 포기할 것에 대해서는 분명히 포기해야 한다. 완전히 이 세상의 모든 것에 대해서 포기한다면 가장 편할 것이다. 인간의 욕심에는 끝이 없다. 인간은 욕망으로 움직이고 있다. 자본주의 역사도 인간의 욕망을 충족시켜주는 것의 역사였다. 자기만족, 타인을 만족시키겠다는 바램, 그로써 보람을 얻겠다는 꿈부터 육체적인 열망까지 모두 욕망으로 움직인다. 그러나 욕망은 필연적으로 모두 충족될 수 없기 때문에 그 과정에서 실망할 일이 많이 생기게 된다. 되면 되는 것이고, 안 되면 안 되는 것이라고 생각하며 살자. 그저 최선을 다하면서 사는 것이다. 그러면 잘 살아갈 수 있다. 이때 잘 산다는 말은 경제적으로 잘 산다는 말이 아니라, 편안한 마음으로 행복하게 산다는 말이다. 최선을 다해서 살아가면, 삶의 이런 저런 문제들은 어떤 식으로든 매듭이 지어지기 때문이다.

나는 사실 '불안 전문가'다. 20대부터 전업 작가를 하면서 최고의 불안을 경험해보았기 때문이다. 글을 쓴다고 결심한 순간부터 지금까지 힘든 나날을 보냈다. 처음에는 책을 출간할 수 없을 수도 있다는 생각이 들었고, 책을 내고 나서는 평생 이 생활을 할 수 있을까에 대한 불안이 있었으며, 끊임없이 공부하는 생활에 대해서도 불안이 있었다. 결혼, 장래, 지적 능력, 체력에도 불안감이 있었다. 그래서 나는 항상 노력으로써 대응했다. 미쳐서 실천하는 것으로 불안에 대응했다. 그 결과 한 권 두 권씩 책을 내고 있고, 지금은 어느 정도 자신감을 가질 수 있게 되었다. 불안에 대한 나의 결론은 불안을 피할 수 없다는 것이다. 그리고 노력으로써 극복해야 한다는 것이다. 히히덕거리고 놀아도 불안은 절대 떠나지 않는다. 불안의 본질이 제거되지 않았기 때문이다. 사람들 사이에 있으면 불안이 사라질 것이라고 생각한다. 그러나 그때에는 또 다른 불안이 찾아오게 된다. 불안하지 않으면 삶이 아니기 때문이다. 불안하지 않으면 최선을 다하지 않고, 긴장하는 삶을 살지 않는다. 또, 똑같은 노력을 하더라도 집중력의 정도가 다르다. 절박한 긴장 속에서 능력이 가장 크게 발휘된다. 사람들은 환경이 좋으면 더 잘할 수 있을 것이라고 말하지만, 실제로는 그렇지 않다. 환경이 좋으면 노력 자체를 아예 안 한다. 환경이 좋으면 대충 살려고 한다. 하와이에 가서 서핑이나 하려고 한다. 시험기간이 2주 남았을 때 공부하는 것과, 하루 남았을 때 공부하는 것은 집중력이 전혀 다르다. 흔히 벼락치기라고 하는데,

같은 하루지만 전혀 다른 능력이 발휘된다. 모든 인생이 다 그렇다. 절박한 상황에 몰린 자는 엄청난 능력을 발휘한다. 안데스 산맥에서 조난을 당하면 평범한 사람도 강인한 사람으로 변하고, 큰 부자가 되어 안락의자에 앉으면 마음이 풀어진다. 그래서 오히려 성공을 거둔 사람이 더 주의해야 하는 것이 인생이다. 방심으로 인해 모든 것을 잃을 수 있기 때문이다. 실제로 젊은 시절에 큰 성공을 거둔 사람들이 쉽게 실패하고, 재기(再起)하지 못 하는 경우가 많은데, 이것은 '방심의 위험성'을 말하는 것이다. 삶이란 그런 것이다.

결국 불안의 원인을 파악하고, 노력으로 문제를 해결해야 한다. 근본적인 문제를 해결하지 않으면 불안은 사라지지 않는다. 포기할 것을 깨끗하게 포기하면 불안한 마음은 사라지기 때문이다. 자기의 안위(安危)에 대해 과도한 욕심을 버리면 마음이 편안해지는 것이다. 마음을 비우면 불안이 사라지고, 두려움이 사라지며, 근심걱정이 사라진다. 마음의 여유가 없으면 성인병도 쉽게 온다. 병도 대부분 마음에서 비롯되기 때문이다. 마음을 바꾸면 생활습관과 식습관도 대부분 바뀌게 된다.

불안할 때는 불안한 이유를 적어보자. 때로는 멍 하게 있는 시간 속에서 불안한 원인을 찾아보자. 무의식 속에 깃든 불안을 찾을 수 있다. 불안의 요소를 적을 수 있으면 불안이 내 눈앞에 나타난 셈이다. 그러면 불안에 대적할 대책이 나오게 된다. 대부분은 그것에 집중하면 된다. 풀리지 않을 문제는 포기하면 된다. 그리고 평소에 마음을 비우면서 생활하는 것이 큰 도움이 된다. 그저 최선을 다하고 남들이 인정하지 않더라도 스스로가 만족한다면 그것이 행복하고 편안한 삶이다. 그래서 목표를 세운 뒤에도, 그것에 지나치게 집착하지 말아야 한다. 최선을 다하면 얻을 수 있고, 얻지 못 하더라도 열심히 살아가는 자세와 마음의 편안함과 행복, 보람 등을 얻을 수 있기 때문이다. 또, 열심히 살아가다 운(運)이 닿는다면 큰 기회를 만날 수도 있다. 월급 150만 원만 생각하면 미래가 전혀 없는 것처럼 암담하지만, 열심히 살아가다 보면 중간에 도와주는 사람도 나오고, 일이 잘 되기도 하며, 좋은 기회가 오기도 한다. 인생은 결코 계산대로 진행되는 것이 아니고, 전혀 생각하지도 못 한 일이 벌어지기 때문이다. 설사 그런 일이 없더라도 나는 행복할 수 있으니 그것으로 이미 보상을 받은 셈이다. 마음을 비우고 최선을 다해서 살아가자. 문제가 있다면 그것을 드러내고 해결하자. 그러나 그렇다고 해서 완전히 불안을 없앨 수는 없다. 삶 자체가 늘 변화하는 것이기 때문이다. 우리들의 삶은 언제나 뒤집어질 수 있고, 모든 것이 바뀔 수 있다. 중요한 것은 그 불안을 내 삶을 적극적으로 살아가는 요소로 변화시키는 것이다. 적절한 긴장과 집중으로 삶에 활력을 불어넣으면 된다. 그러면 내 삶은 틀림없이 변하고, 긍정적으로 발전하게 될 것이다. 삶은 결국 노력이다. 노력하면 모든 문제가 풀리고, 모든 해답을 찾을 수 있기 때문이다.

06 포기한 사람만이 불안하지 않다

불안한 사람이 건강하다

우리는 불안이라는 소명을 하늘로부터 부여받았다. 즉 우리는 평생을 불안해하며 살아야 한다. 앞서도 말했듯이, 불안이 우리를 지켜주기 때문이다. 호랑이가 우리에게 뛰어오는데 불안하지 않다면 목숨을 잃고 만다. 우리는 호랑이의 존재에 불안을 느끼기에 생존할 수 있다. 국가도 그렇다. 만사태평으로 지내고 인접 국가에서 핵무기를 개발해도 룰루랄라 한다면 반드시 문제가 생긴다. 자영업을 하는 사람도 늘 긴장하면서 경영해야 한다. 함부로 초기 투자를 해서도 안 된다. 불안은 이렇게 우리를 지켜주는 소중한 친구다.

지금 내가 불안하다는 건, 내가 그만큼 건강하다는 징표다. 삶을 열심히 살려는 의욕이 강하다는 증거이다. 그래서 불안하다면 잘 되고 있는 것이다. 불안을 바꾸어 이야기하면 "인생에 대해 위기의식을 지니고 있다."는 말이다. "항상 긴장하고 있다."는 말이며, "무엇이 문제인지를 항상 찾으면서 산다."는 말이기도 하다. 그들은 자신에 집중하며, 주변의 일에도 관심을 기울인다. 모든 상황을 자신에게 유리하도록 조율할 수 있는 것이다. 때때로 잠을 이루지 못할 정도로 불안하다면, 그조차도 웃으면서 받아들여야 한다. 비록 따갑고 시리고 아픈 고통으로 와 닿지만, 굉장히 건강하다는 징표이기 때문이다. 불에 손을 데면 굉장히 고통스럽다. 무의식적으로 손을 빼게 된다. 고통이 손을 보호한 것이다. 뜨겁고 고통스러운 불안도 같은 역할을 한다. 엉덩이에 주사를 맞을 때 아프지 않았으면 하는 생각을 한다. 그러나 주사바늘이 들어가도 안 아프다면 큰일이 난다. 상처를 입어도 전혀 아프지 않으므로, 치명적인 손상을 입고도 제때 치료를 받지 못 할 수 있기 때문이다. 불안도 마찬가지다. 요즘은 청년들뿐만 아니라 중장년들도 아프다고 한다. 몸이 아픈 것이 아니라 삶에 대한 불안이 그만큼 높은 것이다. 그러나 불안이 나를 지켜준다. 불안은 내게 문제를 제시하고, 해결책을 제시한다. 상황이 좋지 않은데도 아프지 않다면 오히려 더 큰 문제다. 상황이 악화되는 것을 모른 채, 웃으면서 파멸을 맞을 것이기 때문이다. 이것은 태평양 위에 떠 있는 크루즈와도 같다. 화려한 선상의 파티에 정신이 팔려

배가 침몰하는 것을 알지 못 한다. 아무도 아프지 않으니까, 모두들 웃고 있으니까 아무런 대비를 하지 않고, 결국 망하게 되는 것이다. 독감 예방 주사를 맞을 때 그 주사액에는 독감 균이 들어 있다. 우리 몸 속의 백혈구를 불안하게 하는 것이다. 백혈구는 다음에 독감 균이 들어오면 한방에 끝낼 수 있도록 만반의 준비를 한다. 크루즈에서도 사람들이 아우성치고 놀라야 대책을 세운다. 독감 균이 들어와야 백혈구가 정신을 차린다. 북한과의 서해교전은 우리의 장병들을 순국하게 함으로써 아픔을 낳았지만, 북한군의 국지적인 도발은 우리 군대를 더 강하게 만든다. 또한 한미군사동맹에 더욱 집중하도록 해준다. 삶의 불안도 같은 맥락이다.

불안하면 제대로 준비한다. 세상은 공평하다. 열심히 노력하면 성과를 얻을 수 있고, 노력하지 않으면 성과를 얻을 수 없기 때문이다. 너무 잘 나가고, 아무런 문제가 없으면 큰 문제가 초래된다. 큰 성공을 거둔 대기업들이 몰락하는 이유도 '불안 DNA'를 잃어버렸기 때문이다. 파나소닉을 창업한 마쓰시타 고노스케는 "하루하루 먹고 살기 위해서 필사적으로 장사를 했다."고 그의 자서전 『영원한 청춘』에서 고백했다. 그는 부자가 되기 위해서, 떵떵거리기 위해서, 사람들에게 과시하기 위해서 사업을 한 것이 아니었다. 그는 먹고 살기 위해서 필사적으로 일했다. 그리고 그 정신을 평생 동안 잃지 않았다. 그 결과 파나소닉은 크게 성장할 수 있었다. 그러나 최근 파나소닉은 그런 불안 DNA를 잃어버렸다. 그래서 더 치열하지 못 했고, 변화에 적극적이지 않았다. 그것은 소니도 마찬가지고, 모토로라, 노키아도 마찬가지다. 그것은 앞으로 삼성전자, 현대차의 이야기가 될 수도 있다. 그런 점에서 삼성전자와 현대차도 '불안 DNA'를 잃어서는 안 된다. '불안 DNA'는 인생과 경영에서 매우 중요하다. 이것이 있으면 생존과 번영을 할 수 있고, 없으면 망한다. 칭기즈칸도 "성을 쌓는 자는 망한다."고 말한 바 있다. 안정과 편안함에 안주하면 망한다. 끊임없이 고통스러운 변화를 하는 자만이 번영한다. 그러나 대부분의 사람들은 끊임없이 '안정'에 머물려고만 한다. 그래서 더 큰 위기를 초래한다. 불안 DNA를 가지고 사는 길은 힘들고 고통스럽다. 불안과의 동행은 힘들기 때문이다. 그러나 진정한 안정은 오직 불안과 동행할 때에만 가능하다.

일류 기업의 함정이 바로 안정이라는 독배를 들이킨다는 데 있다. 독배를 마시고 거기에 취해 깨어나지를 못 하면 결국 절박감과 헝그리 정신을 잃어버리게 된다. 그런 예들은 수도 없이 많다. 진정한 혁신은 목숨을 걸때에만 나온다. 그것을 잃어도 별 문제 없다면 긴장감이 없다. 모든 것을 잃을 수도 있다는 생각이 들면 생각이 완전히 달라진다. 눈에 불을 켜고 달려드는 것이다. 이병철 회장은 삼성전자를 창업할 때 자신의 전 재산을 바치는 도

  불안하다면

전을 했다. 주위에서 삼성전자가 망할 것이라는 이야기들이 너무 많았다. 일류 언론사들도 대부분 이에 동조했다. 그때 이병철 회장의 긴장감이 어떠했는지는 말을 하지 않아도 알 수 있다. 일본의 최고 부자 손정의도 그와 같은 도전을 수차례 해왔다. 모든 재산을 투자해 창업했으며, 상장 이후에는 출판사와 전시회장을 인수하는 데 전 재산을 투자했다. 실패할 경우 모든 재산을 잃을 수 있다는 긴장감은 상상을 초월하는 것이다. 성공하는 사람들은 늘 그런 도전을 했고, 그 체험을 즐겨왔다.

지금 내 삶이 불안하다는 것은 내 삶이 만만하지 않다는 것이다. 내 능력보다 조금 우위에 있는 것에 도전하고 있다는 것이다. 그래서 약간 벅차다고 느낀다. 과연 해낼 수 있을까, 못 해내면 어떻게 하지, 너무 힘들어 죽고 싶다는 생각이 드는 것이다. 그러나 이 상태는 바람직하다. 내 인생을 끊임없는 노력으로 향상시키고 있기 때문이다. 삶은 언제나 조금 벅차야 한다. 자신의 능력보다 조금 우위에 있는 것에 끊임없이 도전해야 한다. 그래서 자신의 한계를 극복하는 경험을 지속해야 한다. 죽도록 고민하고, 죽도록 행동하고, 죽도록 부딪쳐야 한다. 온몸으로 뜨겁게 부딪치고, 힘들어서 펑펑 울고, 스트레스를 받아서 머리카락이 한 움큼 빠지는 경험을 해야 한다. 때로는 잠이 오지 않아 새벽까지 길거리를 걸어 다니는 미친놈이 되어야 한다. 그런 파괴적인 체험, 그런 미친 듯한 열정, 그런 타는 듯한 고통이 있는 삶이 건강한 삶이다. 그런 삶이 낭비하지 않는 삶이다. 그리고 이 삶이 결국 무언가를 해낸다. 삶이란 목숨을 걸 때에만 1인치씩 성장한다. 그런 성장 프로세스가 위대한 인물을 만든다.

나는 불안과 동행하는 사람이 멋지다고 생각한다. 그 불안이 뜨겁든, 조금 미지근하든 다 좋다고 생각한다. 뜨거운 불안을 가진 사람은 곧 밑바닥에서 치고 올라올 것이다. 무언가를 이룬 후에도 미지근한 불안을 유지하는 사람은 진정한 파이터다. 우리들은 링 위에서 파이터의 삶을 살아가야 한다. 삶이란 평생 동안 그런 긴장감이 절실히 필요하다. 도박이나 여자 문제로 정신을 잃는 순간 모든 것을 잃게 된다. 자칫 방심하여 뇌물을 받으면 인생에 큰 오점을 남기게 된다. 재산 분배를 잘 하지 못하면 가족들의 관계가 틀어질 수도 있다. 제대로 된 삶을 살아가야 하는 이유는 더 있다. 나는 나이기 이전에 부모의 자식이자, 자식의 아버지이고, 아내의 남편이고, 회사원이고, 사장이다. 따라서 그들에 대한 무거운 책임을 져야 하는 것이다. 내 몸이 불타더라도 지켜야 할 것이 있는 것이다. 나를 믿고 있는 사람들에게 실망을 주는 일보다 무거운 수치는 없다. 따라서 항상 불안을 가지고 열심히 살아야 하는 것이다.

지금 불안한 사람은 불안을 피하고 싶을 것이다. 그러나 그런 나약한 생각을 하면 안 된다. 불안은 피할 수가 없기 때문이고, 죽을 때까지 함께 동행해야 할 친구이기 때문이다. 우리는 불안을 환영하고, 불안과 함께 최고의 삶을 살아가야 한다. 분명한 것은 불안한 사람이 강하다는 것이다. 강한 정신력으로 언제나 정상의 위치를 지킨다는 점이다. 한 평생을 열심히 살다가도 긴장을 풀어서 패가망신한 사람들을 심심치 않게 보게 된다. 우리는 불안과 행복한 동행을 해야 한다.

07 태풍은 바다를 휘저어 새로운 길을 만든다

불안은 새로운 세상을 열어준다

누구나 미래에 대해 막연한 불안을 가지고 있다. 이 불안은 필요하지만 지나치면 안 된다. 그래서 불안이 현실을 잠식하면 안 되는 것이다. 불안은 현재의 문제점과 고칠 점을 알려줌으로써 미래로 나아갈 등대 역할을 한다. 그런데 이 등대 역할을 해야 할 불안이 눈이 부실 정도로 환해서 선장으로 하여금 앞으로 나아갈 수 없게 만든다면 문제이다. 등대는 오직 길을 안내하는 역할에 그쳐야 한다. 그래서 불안이 지나치게 커지는 것에 대해서 항상 경계해야 한다. 불안이 올바른 판단력을 잠식하고, 현실을 완전히 외면하도록 만든다면 위기가 된다. 물론 때로는 방황하는 것이 필요하다. 방황이 인생의 방향을 재인식하도록 만들기 때문이다. 방황을 통해서 기존에 가진 철학들이 완전히 뒤흔들리기 때문이다. 이것은 태풍이 몰아친 바다와 같다. 태풍이 몰아치면 바다는 크게 요동친다. 때때로 생명체가 죽기도 하고, 물의 순환이 급격하게 이루어지기도 한다. 그러나 태풍으로 물은 정화되고, 죽은 생명체는 다른 생명체의 먹이가 됨으로써 바다를 풍성하게 변화시킨다. 태풍이 바다를 방황하게 만듦으로써 새로운 길을 만드는 것이다. 사람도 마찬가지다. 큰 방황은 사람을 크게 변화시킨다. 꼭 술 먹고 폐인처럼 살아야 방황은 아니다. 새로운 생각을 골똘히 하고, 인생의 방향성을 재인식하며, 근본적인 철학에 대해서 회의감을 품으면서 근본적인 변화를 하는 것이 방황이다. 우리는 이 세상에 잠시 소풍 온 나그네다. 나그네가 방황하는 것은 당연하다. 우리는 끊임없이 방황함으로써 새로움과 발전, 진보로 나아가야 한다.

어느 정도 방황했다면, 생각을 정리해서 앞으로 나아가야 한다. 즉 행동을 함으로써 현실 문제를 해결하고, 현실 속에서 길을 만들어 나가야 한다. 긴 수염을 깎고, 옷을 다려 입고 밖으로 나가야 하는 것이다. 그리고 목숨 걸고 일해야 한다. 그래서 결판을 내는 것이다. 방황 속에서 걷어 올린 살아 있는 실천적 지혜를 사용해야 한다. 무림(武林) 속에서 기른 깊은 내공을 속세에서 사용해야 한다. 그러면 자신만의 문파(門派)를 만들 수 있다. 자기만의 세계를 만들고, 자기만의 성공 방정식을 도출할 수 있다. 인생은 행동으로 결정된다. 비록 좌충우돌 실수를 하더라도 시행착오를 겪으면서 배울 수 있기 때문이다. 기꺼이 폐인이 되어야 한다. 새벽 3시~4시까지 잠을 안 자고 고민할 때처럼 뜨겁고 치열하게 미쳐야 한다. 그것이 삶에 대한 우리의 권리이자 의무이다.

미친다는 것은 육체적으로나, 심리적으로나 힘든 일이다. 일종의 사투(死鬪)이기도 하다. 나도 지금 체력적 한계를 경험하며 글을 쓰고 있다. 거울을 보니 내 눈이 빨갛게 충혈되어 있다. 감기에 목도 완전히 쉬었다. 두통이 심하기까지 하다. 그런데도 나는 진군한다. 진군, 그것이 나의 존재를 뒷받침하기 때문이다. 코피가 터지면 코피를 막고 일해야 한다. 물론 쉬어야 할 때는 쉬어야 한다. 그러나 일이 잘 될 때는 끝장을 내야 한다. 전쟁에서 장수는 피곤하다고 쉴 수 없다. 피곤하다고, 어머니가 돌아가셨다고, 여자 친구가 떼를 쓴다고 멈출 수는 없다. 반드시 승부를 보아야 하는 것이다. 만약 다리를 칼에 베이더라도 전쟁을 할 수 있다면, 진군해야 한다. 심장이 뛰고 있는 한, 앞으로 나갈 수 있기 때문이다.

막연한 불안이 내 몸을 감싸고, 내 마음을 완전히 포위할 때가 있다. 그럴 때는 미친 듯이 일을 해야 한다. 하기 싫을 때는 스스로 하고 싶게끔 만들어야 한다. 오랫동안 참았던 말을 폭포수처럼 쏟아붓듯 일도 그렇게 해야 한다. 일이 하고 싶어질 때까지 노는 것이다. 찜질방에 가든, 놀이공원에 가든, 여행을 떠나든, 잠을 자든, 시장바닥을 헤매든, 어떤 것이든 좋다. 자기만의 방식으로 일을 하고 싶게끔 만들면 된다. 그후엔 반드시 몸이 팔팔해져야 한다. 몸이 피곤하면 만사 다 귀찮아진다. 일류대, 특히 의대 진학률이 높은 재수학원은 독특한 방식으로 학원생들을 훈련시킨다. 나는 대학시절 6개월 정도 대형 입시학원의 경영기획실에서 일을 해본 경험이 있다. 학생들에게 무조건 7시간을 자게 하고, 매일 헬스클럽에 보내 땀을 쫙 흘리도록 만든다. 그러면 성적이 크게 상승한다. 몸의 컨디션과 집중력이 급격하게 올라가기 때문에 책상에 앉으면 마치 새가 하늘을 나는 기분으로 공부를 할 수 있기 때문이다. 그만큼 건강이 중요하고, 컨디션이 중요하다는 의미다. 일이 잘 될 때와 안 될 때는 얼굴의 빛깔 차이가 다르다. 일이 잘 되면 얼굴이 좋다. 얼굴이 밝다는 것은 그만큼 잘되고 있다는 뜻이고, 건강하다는 의미며, 희망과 자신감, 나아가 확신마저 있다는 것이다. 건강하면 공부가 되고, 일이 된다. 상당한 집중력으로 어려운 문제들이 술술 풀린다. 명리학에서도 건강은 중요한 요소다. 명리학자들은 만약 그 사람의 운(運)이 풀리지 않으면 건강부터 나빠진다고 한다. 지금 일이 풀리지 않더라도 건강하면 결국은 운이 들어온다고 한다. 건강하면 집중력이 높아진다. 집중력이 떨어지면 오랫동안 일해도 헛일이다. 일의 진척

이 없다. 컨디션이 좋지 않을 때는 쉬는 것이 최선이다.

불안할 때 일을 열심히 해야 한다는 것은, 그렇게 하지 않으면 문제가 더 꼬이기 때문이다. 불안할 때 그 문제만 생각하고 있으면 아무것도 달라지지 않는다. 끊임없이 시간은 흐르고, 생활비는 들며, 문제는 점점 더 심해지기 때문에 스트레스를 받게 된다. 그러나 이런 상황에서 목숨 걸고 일을 하게 되면 반드시 상황이 반전된다. 1년이면 엄청나게 달라진다. 작정하고 노력하면 인생을 완전히 바꿀 수도 있다. 돈이면 돈, 사랑이면 사랑, 대인관계면 대인관계, 모든 것을 바꿀 수 있다. 1년이면 충분하다. 1년 동안 결실을 보지 못 할 시험은 존재하지 않는다. 각종 고시의 경우 1차 시험에 합격하기에는 충분한 시간이 1년이다. 정말로 열심히 하면 대부분의 문제가 해결된다. 문제가 완전히 해결될 수는 없더라도 열심히 하는 순간만큼은 불안을 완전히 잊을 수 있다. 몰입하기 때문이다. 결국엔 보람과 성과를 모두 얻을 수 있다. 이것이 폭발적으로 빠져들어서 일을 하는 것, 즉 몰입의 묘미(妙味)다. 불안한 마음이 든다면 무조건 행동해야 한다. 생각은 그만해야 한다. 지금 당장의 목표만 생각하며 움직여야 한다. 그러면 상황은 반드시 달라진다.

우리는 불안에 집중할 것이 아니라, 어떻게 하면 좋은 결과를 낼 수 있을까에 집중해야 한다. 어떻게 하면 일을 더 잘할 수 있을까, 좋은 인간관계를 맺을 수 있을까를 생각해야 한다. 하루 종일 생각하면 반드시 좋은 생각이 떠오르고, 그 생각은 자신의 무의식 세계에 쌓이게 된다. 과학적으로 설명할 수는 없지만, 나의 무의식 세계에 집적된 좋은 생각들은 내가 일에 고도로 집중할 때 실천적 지혜로 반드시 나타나게 되어 있다. 일을 해나가는 동안 자신도 모르는 사이에 나타난 좋은 생각에 놀라고, 반갑고, 흥분하게 된다. 나도 그런 체험을 했다. 이런 체험은 일을 미친 듯이 할 때 나타난다. 일을 고도로 열심히 하면 온갖 생각들을 쥐어짜게 된다. 그것이 아이디어와 기획, 마케팅으로 연결되어 하나의 완결점이 제시된다. 그 동안 쌓았던 많은 지식들이 융합되어 하나의 예술을 만들게 되는 것이다. 일에 몰입함으로써 무아지경에 빠지게 되고, 이때 훌륭한 생각들이 많이 떠오른다. 이때의 일이란 삶의 모든 것을 바꾸는 동시에, 좋은 아이디어를 얻는 훌륭한 수단이 되는 것이다. 아무 생각도 하지 말고 단순반복되는 일에 몰입하라. 무념무상(無念無想)의 경지에 빠져듦으로써 궁극의 정교함에 이르게 된다. 이것은 108배에서도 증명된다. 몸을 단순하게 움직이면 생각이 단순해진다. 번뇌(煩惱)가 사라진다. 108배를 하면 단순하게 가장 필요한 것 하나에만 집중하게 된다. 그러면서 심신이 안정되는 강한 힘을 얻게 되는 것이다. 사는 것이 힘들고 불안으로 인해 아무것도 할 수 없다는 생각이 들 때에는 빗

자루를 들고 하루 10시간씩 길을 쓰는 일만 해도 많은 깨달음을 얻을 수 있다. 이것이 바로 '몰입의 힘'이다. 그것이 어떤 일이든 하루 종일 몸을 쓰면서 일을 하면(몸으로 하는 육체적인 일을 포함해 책상에 하루종일 앉아서 일을 하는 것까지 포함된다) 엄청난 깨달음을 얻을 수 있다. 여럿이 함께 하는 직장생활에서도, 혼자서 하는 일에서도 마찬가지다. 일을 하는 그 자체가 엄청난 깨달음을 주기 때문이다. 스님들도 사람들을 상대하면서 혹은 혼자서 생활을 하면서 많은 깨달음을 얻는다. 작가들도 혼자서 글을 쓰면서 많은 깨달음을 얻는데, 스스로의 생각 속에 들어감으로써 상상력과 감성(感性)을 일깨울 수 있다. 어떤 일이든 하루 종일 열심히 일하는 사람은 그 속에서 다양한 깨달음을 얻을 수 있다. 그것은 일종의 수양이라고 볼 수 있다.

최선을 다해서 일한다는 것은 단순해지는 것을 의미한다. 단순해진다는 것은 지금 현재 가장 필요한 것에 집중하는 것이다. 단순함은 삶을 궁극의 정교함에 이르게 하며, 더 예리해지고 선명해지도록 한다.

08 흔들림 없이 전진하는 사람은 없다

불안하다는 것은 발전한다는 것이다

살다 보면 눈물이 날 때가 있다. 나는 오늘 몇 년만에 펑펑 울어보는 경험을 했다. 〈강심장〉이란 TV 프로그램에서 가수 천명훈 아버지의 항암투병 이야기를 보았다. 천명훈은 가수를 하기 위해 중학교 때 가출을 한 이후 10년 동안 아버지와 직접 대면을 한 적이 없다고 한다. 아버지가 원하지 않는 길을 갔기 때문이었다. 어느 날 아버지가 폐암 말기 진단을 받게 되었다. 천명훈은 근엄했던 아버지가 늙고 병들어 초라해진 모습을 보게 되었다. 그리고 아버지께서 간호사와 환자들에게 "우리 아들이 누군지 아느냐. 가수 천명훈이다."라는 이야기를 했다는 말을 들었다고 한다. 이 말을 하면서 천명훈은 울었고, 나도 울었다. 아버지는 내색하지 않았지만 당신의 아들을 자랑스러워하신 것이다. 나는 할아버지와 할머니의 손에서 자랐다. 나는 거의 19년간 할아버지 옆에서 잠을 잤다. 할아버지는 나의 시험기간에는 빠짐없이 치킨을 사오셨으며, 부산에서 대학생활을 할 때에도 거의 매일 전화를 하셨다. 그런 할아버지가 요양병원에 입원을 하게 된 것이다. 그런데 나는 자주 가지를 못 했다. 어느날 할아버지를 뵈러 병원에 가게 되었는데, 할아버지는 나를 보시고 눈물을 흘리셨다. 그리고 주위의 환자들에게 나를 데리고 다니면서 "내가 손자가 온다고 그랬제?"라고 말씀하셨다. 나는 그때 할아버지 앞에서 한참을 울었다. 그리고 오늘 천명훈의 아버지 이야기가 나오니, 나의 할아버지 생각이 나서 갑자기 눈물이 난 것이다. 그런데 서럽게 울고 나니 어떤 깨달음이 왔다. 그리고 굉장히 후련해졌다. 가슴에 쌓인 아픔이랄까, 한(恨)이랄까 그런 것이 풀리는 느낌이었다.

눈물이 날 때는 참으면 안 된다. 무조건 울어야 한다. 그것도 펑펑 울어야 한다. 남이 볼까 부끄러우면 산에 올라가서 우는 것도 좋다. 만약 어머니와 함께 있었다면 이렇게 울지는 못 했을 것이다. 나는 강아지가 죽었을 때도 산에서 한참을 울었는데, 그때도 울면서 많은 깨달음을 얻을 수 있었다. 사람은 힘들면 울어야 한다. 눈물은 상처를 치료한다. 힘들 때 실컷 울고 나면 후련해진다. 내 안의 상처가 치유된 느낌을 받을 수 있다. 눈물을 통해 내 상처를 발견하고 문제의 본질에 대해 다시 인식하게 된다. 나는 종종 할아버지를 떠올리며 할아버지에게 부끄럽지 않은 삶을 살아야겠다는 다짐을 한다.

내가 키우던 강아지는 예고도 없이 어느 날 갑자기 죽어버렸는데, 함참을 울다 보니 나도 그럴 수 있겠다는 생각이 들었다. 내가 사랑하는 사람도 어느 날 갑자기 사라질 수 있겠다는 생각도 들었다. 그래서 지금 내 곁에 있는 사람이 얼마나 소중한지 다시 생각하게 됐다. 나 역시 지금 이 순간을 있는 힘껏 살아야겠다고 다짐했다. 진정으로 내가 하고 싶은 일을 최선을 다해서 하고, 하나라도 남에게 좋은 일을 많이 하겠다고 다짐했다. 그리고 근심걱정을 할 필요가 없다는 생각도 했다. 근심걱정을 하기에는 시간이 아깝다. 오늘 할아버지를 생각하며 흘린 눈물에서도 몇 가지를 느낄 수 있었다. 진심과 표현은 다를 수도 있다는 점이다. 할아버지를 보고 싶고, 잘 해드리고 싶고, 자주 보고 싶다. 그러나 다시 그때로 돌아간다 해도 할아버지를 자주 보는 일은 만만치 않을 것이다. 그러고 보면 진실은 복잡하다. 울음은 아름다운 혹은 아름답지 않은 진실을 깨닫게 하고 사람을 한층 지혜롭게 하며, 새로운 가치관과 철학을 제공한다. 그래서 좋다. 눈물을 흘리며 얻는 깨달음은 삶을 더 열심히 살아갈 수 있도록 해준다.

힘들면 울어야 한다. 울지 않으면 사람이 아니다. 울고 나면

'그때 내가 왜 울었을까?'라며 민망할 때도 있고, 깨달음을 얻을 때도 있으며, 상처가 치유될 때도 있다. 눈물을 받아주는 사람이 있든 없든 눈물은 자연스럽게 흘려야 한다. 그래서 삶을 온몸으로 느껴야 한다. 억지로 포장하려고 하지 말고, 있는 그대로 받아들이고 느껴야 한다. 아픔도 아름다운 것이고, 상처도 좋은 것이다. 아픔과 상처는 나를 더 성숙하게 하고, 인생의 또 다른 면을 보게 하며, 나를 더 지혜롭고 강하게 만들기 때문이다. 진정한 진리가 무엇인지 깊은 눈으로 바라보게 함으로써 나의 철학을 더 성숙시킨다. 눈물, 그것은 아름다운 것이다. 상처에 대한 솔직한 고백이며, 나약한 자신에 대한 독백이다. 이 세상의 모든 것을 받아들이고, 용서한다는 것이며, 세상을 온몸으로 이해하고 포용한다는 뜻이다. 편식하는 삶이 아니라 비빔밥의 삶을 지향한다는 의미다. 매운 고추도, 먹기 싫은 당근도 마다하지 않겠다는 당당한 의사 표시이다.

내 삶에 불안이 깃드는 것도, 잠재의식 속에 불안이 내재되어 있는 것도 나 자신에게 솔직하지 못 하기 때문이다. 너무 완벽하려고 하고, 가식적으로 살기 때문에 불안을 드러내지 못 한 것이다. 불안에 대해 정확히 인식하지 못 해 그 뿌리를 제거하지 못 했을 수도 있다. 그래서 내 가슴이 썩어 들어가고, 점점 힘든 삶으로 빠져 들고 있는지도 모른다. 완벽하게 살지 않아도 괜찮다.

부족하면 부족한대로, 못나면 못난대로 사는 것이 인생이다. 그렇게 자기를 그대로 드러내고, 맨얼굴을 뽐내면서 사는 삶이 가장 섹시하다.

불안은 상처나 아픔에서 올 수 있다. 상처나 아픔을 피하려고 하는 것이 인간의 본성인데, 그것을 피하지 못 할 것 같으니까 불안이 오는 것이다. 상처나 아픔과 싸워 이기는 것이 아니라 그것에 완전히 져버림으로써 진짜 이기는 삶을 살 수 있다. 유도에 비유해 보자. 상대가 나를 넘기려고 할 때 억지로 버티다 넘어지면 큰 상처를 입는다. 특히 맨바닥이라면 더 그렇다. 그럴 때는 완전히 넘어가는 것이 좋다. 낙법(落法)으로 착지를 하는 것이다. 엉거주춤하게 넘어지면 큰 상처를 입지만, 완전하게 넘어질 것을 각오하면 다치지 않기 때문이다. 상처나 아픔도 마찬가지다. 인정하고 받아들이면 편안해진다. 그래서 서럽게 울고 나면 마음이 오히려 치유된다. 눈물을 참는 것이 치유가 아니라 눈물을 흘리는 것이 치유인 것이다. 그래서 힘들 때는 울어야 한다. 슈퍼맨은 없다.

실패나 거절의 경우도 그렇다. 실패를 피할 수 있는 사람은 아무도 없다. 실패를 인정하고, 겸허하게 받아들이는 것이 좋다. 그러면 실패에서 배움으로써 더 크게 성장할 기회가 된다. 나는 실패하지 않는다고 자신했는데 실패하면 납득을 못 한다. 자기 분에 못 이겨 화병이 나거나, 큰 스트레스를 받게 되고, 결국 재기

하지 못 할 수도 있다. 거절도 마찬가지다. 사랑하는 사람을 사귀고 싶거나, 혹은 취업을 하고 싶을 때 우리는 상대방에게 프로포즈를 하거나 구직을 한다. 그러나 얼마든지 거절 당할 수 있는 것이다. 내가 디카프리오처럼 미남이라도 그렇다. 실제로 디카프리오도 프로포즈를 하고 거절 당한 적이 있다고 고백한 적이 있다. 이렇게 거절은 누구나 당할 수 있다. 거절을 당하면, '더 좋은 상대가 나를 기다리고 있겠지, 더 좋은 직장이 나를 기다리고 있겠지.'라고 긍정적으로 생각하면 더 열심히 노력하는 계기가 될 수 있다. 인생은 장기 레이스다. 내 짝이든 내 직장이든 어디엔가 있다. 걱정할 필요가 없다.

삶은 고통임을 인정하면 오히려 편안해진다. 슬플 때는 울겠다고, 실패할 때는 그대로 쓰러지겠다고 생각하면 된다. 분명한 것은 "모든 것은 도전을 해야 성취할 수 있고, 그 도전이란 언제든지 실패할 수 있다."는 것이다. 편안한 마음으로 내 페이스대로 움직이기 위해서는 마음을 비워야 한다. 그러면 더 잘할 수 있게 된다.

힘들 때는 울자. 그리고 눈물을 닦고 씩씩하게 나아가자. 그러면 된다. 눈물 없이, 실패 없이 전진하는 사람은 없다.

인생에서의 궁극적 목표는 불안으로부터의 구원이다.
그 방법은 신과 인간의 융합 이외엔 없다.

– 쉐렌 A. 키에르케고르 –

09 억지 가면을 벗고 맨 얼굴을 드러내라

솔직함이 불안을 이긴다

불안은 너무 완벽하게 살아야 한다는 강박관념에서 생기기도 한다. 즉 자신을 지나치게 옥죔으로써 불안의 늪에 빠지고 마는 것이다. 사실 지금 한국인은 남의 눈을 너무 의식하고 있다. 그래서 피곤한 삶을 자초하고 있다. 스스로를 옥죄고 있는 것이다. 나는 가면을 벗는 삶으로도 충분하다고 생각한다. 가면을 벗고 솔직하게 살아도 충분히 잘 살 수 있다. 즉 내 마음대로, 내 가슴을 솔직하게 따르는 삶을 살아도 충분하다는 것이다. 남에게 피해를 주지 않고, 나만의 방식으로 내 삶을 만들어가는 것이 우리의 소명이기 때문이다. 우리는 생각해보아야 한다. 도대체 누구에게 잘 보여야 하는지 말이다. 우리가 잘 보여야 할 사람은 아무도 없다. 우리는 그 사람의 노예, 하수인이 아니다. 그 사람이 내 목줄을 쥐고, 나는 목줄에 달린 개란 말인가? 그런 삶은 없다. 단순히 사람들에게 잘 보이고 싶다는 생각을 할 수도 있다. 그러나 그것은 오직 양심적인 행동을 하는 거울로 삼아야지, 무언가를 얻고 싶다는 생각에서 사람들에게 잘 보이려고 해선 안 된다. 그것은 나를 잃는 삶이고, 나를 잃으면 모든 것을 잃기 때문이다. 나는 도대체 무엇 때문에 사는가? 기껏해야 돈 좀 많이 벌고, 명예 좀 얻고, 지위 좀 얻고, 권력 좀 얻기 위해서 사는가? 나는 그보다 초라한 삶은 없다고 생각한다. 일신(一身)의 안위(安危)를 위해서 모든 것을 바친 삶에서 기대할 것은 없다.

삶에는 어떤 감동이 있어야 한다. 뭉클함이 있어야 한다. 모두를 위한 의미를 만들어냄으로써 희망을 전할 수 있어야 한다. 자신의 배만 불리는 삶은 초라하고, 어떤 의미도 없다. 이 세상에 단 한 송이의 장미꽃이라도 피우게 된다면, 그것이 아름다운 삶이다. 따라서 우리는 누군가에게 잘 보이려고 할 필요도 없고, 그저 양심적인 삶을 살아가면 된다. 내가 배부른 것은 밥과 고기를 먹어서가 아니라, 보람과 희열을 먹어서라는 것을 명심해야 한다.

자신에게 솔직하면 모든 것이 분명하게 보이게 된다. 즉 자신이 좋아하고 싫어하는 것, 자신이 살고 싶어 하는 삶이 분명하게 나타나는 것이다. 물론 비현실적인 삶을 말하는 것이 아니다. 이 삶은 현실에 바탕에 둔 삶으로서, 자신의 현실을 고려해서 '내가 충분히 살 수 있는 삶'을 의미한다. 나는 북극의 창공을 날아보고 싶다. 눈 덮인 봉우리를 보고 그 누구의 발자국도 닿지 않은 그곳의 신비함을 마음껏 느껴보고 싶다. 그 속에서 지구와 인간의 삶에 대해 인식해보고 싶다. 사람에게는 꿈 혹은 실현가능한 환상이 있으면 좋다. 그것은 상상력을 자극하고, 자신의 가능성을 확대하며, 삶을 보다 낭만적이고 재미있게 만든다. 그래서 새로운 길을 제시한다. 그러나 얼토당토 않은 꿈을 꿔서는 안 된다. 직업도 그렇다. 갑자기 회사원이 파일럿이 될 수는 없는 일이다. 실현가능한 꿈부터 꿔나가야 하는 것이다.

자신에게 솔직할 수 있다는 건, 인생을 자신의 것으로 만들 수 있다는 것이다. 남의 눈치 보며 사는 삶, 남들이 많이 가니까 따라가는 삶, 남들이 하라는 대로 하는 꼭두각시 삶을 살지 않는 것이다. 자신이 생각하고 인식한 대로 세상을 느끼고 받아들이면서 자신만의 왕국을 건설하는 것이다. 실제로 세계적인 인물들, 부처, 예수, 스티브잡스, 손정의는 그런 삶을 살아왔다. 자신만의 독창적인 생각으로 독창적인 길을 만든 것이다. 그들은 아류(亞流)가 되지도 않았으며, 남들이 옳다는 것을 무작정 따르지 않았다. 자신의 믿음을 따랐고, 자신의 생각에 확신을 가지고 살았다. 그래서 그들은 최초가 되었고, 일류가 되었으며, 유일함이 될 수 있었던 것이다. 그것이 바로 솔직하게 사는 것의 힘이다.

 불안하다면

불안할 때는 억지 가면을 벗고 자신을 보아야 한다. 남들의 압박으로 자신의 가슴이 변형된 것은 아닌지 물어보아야 한다. 그래서 자신의 가슴이 장애인이 되어 있는지, 벙어리가 되어 있는지 물어보아야 한다. 불안의 실체가 무엇인지, 자신의 존재는 무엇인지 돌아보자.

사람의 특성은 원래 남을 따라가는 경향이 있다. 친구 따라 강남 가기도 하고, 남들이 BMW를 타면 나도 타고 싶다. 한때 육군사관학교에 최고로 우수한 인재들이 몰렸던 시절이 있다. 육군사관학교를 나오면 출세할 수 있다는 믿음이 형성되어 있었기 때문이었다. 박정희, 전두환, 노태우로 이어지는 군인들이 대통령이 되었고, 그 과정에서 많은 군인들이 장관과 국회의원이 되었던 시절이었다. 그래서 가장 똑똑한 고3 학생들은 육군사관학교로 몰려갔다. 그러나 지금 군인들의 세상은 끝났다. 육군사관학교에 우수한 인재들이 몰려 내부 경쟁이 너무 치열해 장군이 되기가 그야말로 하늘의 별따기가 되어버렸다. 남들이 많이 가는, 부모님이 하라는 대로 살았던 삶이 오히려 좋지 않은 선택이 되어버린 것이다. 자신이 좋아하는 것을 선택한 사람은 어떻게든 성공을 한다. 자신의 가슴에서 자연스럽게 올라오는 진정한 욕구를 바탕으로 살기 때문이다. 좋아서 하는 사람을 이길 수 있는 길은 그 어디에도 없다.

세상에서 가장 훌륭한 성과를 내고 있는 사람은 머리가 아니라 가슴이 좋아서 하는 사람이다. 그 행복감이 일에도 묻어나며, 그 향기는 달콤하기까지 하다. 달콤한 향(香)은 고객들에게도 전해져 기분이 좋아진다. 고객은 상품을 소비하지만 달콤한 향기와 행복한 기분을 소비하기도 한다. 어떤 음식점에 가더라도 사장의 얼굴이 진심으로 밝으면 정말 기분이 좋아진다. 얼굴이 어둡고 불행하게 보이면 왠지 음식이 맛없을 것 같은 불길한 예감이 들고, 실제 그 예감은 대개 들어맞는다. 그 집에서 나쁜 기분까지 덤으로 안고 오고, 그 다음에는 안 가게 된다. 행복하지 않고 신뢰감도 생기지 않기 때문이다. 진정으로 행복을 느끼는 일을 해야 모든 것을 얻을 수 있다. 그리고 상대방에게 감동을 줄 수 있다. 자신이 행복해야 고객도 감동시킬 수 있는 것이다.

그 행복이라는 것이 항상 싱글벙글하는 것은 아니다. 일이란 힘들기 때문이다. 정신적으로도, 육체적으로도 그렇다. 마쓰시타 고노스케도 하루하루 굉장히 치열하게 일했고, 실제로 생활을 못할 수도 있다는 위기감을 느꼈다. 그것은 실제로 살벌한 것이며, 몸과 마음이 많이 피곤한 일이다. 대만 최고 부자 왕영경도 새벽에 쌀 배달을 하고 한겨울에도 찬물에 샤워를 했다. 물론 따뜻한 물을 쓸 수 있었지만, 그렇게 하면 경제적 자립을 할 수 없었기 때문이었다. 또, 쌀 배달을 하고 싶어서 한 것도 아니고, 적성에

   불안하다면

맞아서도 아니고, 남들이 인정해주어서도 아니다. 돈을 많이 벌기 때문도 아니다. 그러나 해야 할 상황이 되니까 한 것이고, 새벽까지 불평불만 없이 일한 것이다. 아무리 즐겁게 일한다 해도 몸이 힘들고, 그래서 마음까지 힘들 수 있다.

왕영경은 실제로 한겨울 새벽에 비를 맞고 쌀 배달을 했고 감기에 걸리기도 했는데, 일이라는 것이 즐거운 마음으로 씩씩하게 하더라도 항상 기본적으로 힘든 것이다. 그래서 오해하지 않았으면 한다. 좋아하는 일을 하면 항상 즐겁고 행복할 것이라는 예측은 맞지 않는다. 좋아하는 일을 해도, 내게 맞는 일을 해도 힘은 들기 마련이다. 실제로 어떤 일이든 정말로 열심히 하고 나면 몸은 녹초가 된다. 완전 녹다운이 된다. 굉장히 피곤하다. 그것이 바로 일이다.

나도 지금 두통을 참으면서 집필을 하고 있다. 누가 시켜서 하는 것이 아니라, 재미있고 의미가 있으며, 내 생활을 할 수 있게끔 해주는 것이기 때문이다. 나는 일에서 가학과 피학의 즐거움을 동시에 느낀다. 즉 재미있는 일을 하니까 '가학성'을 느끼는 것이다. 그러면서 몸과 마음이 엄청 힘들기 때문에 '피학성'을 느낀다. 본질적으로 일이란 이렇게 이중성이 존재한다고 생각한다. 항상 좋을 수도, 항상 힘들 수도 없기 때문이다. 항상 즐거움과 힘듦이 공존하며, 한순간 괴로움이 즐거움으로 변화되는 순간이 있다. 일을 하면서 힘든 것이 묘한 즐거움으로 와 닿는 것이다. 몸은 피곤하고, 머리도 아프고, 생각을 계속하려니 힘은 들어도 엄청난 보람과 희열이 느껴지며, 일이 되어가는 것이 너무 즐거운 것이다. 그 맛에 일을 하는 것이라고 생각한다.

우리는 삶을 어떻게 살아야 할까? 대한민국에서 가장 편하고 즐겁게 살고 일해야 한다. 그러기 위해선 내 마음에 맞는 방식으로, 내 몸에 맞는 방식으로 살아야 한다. 그러기 위해서는 자신이 잘 살고 있는지에 대해 질문을 던질 필요가 있다. 그래서 단 한 번으로도 상황과 인생을 변화시킬 질문을 던지고 솔직하게 답을 해야 한다. 억지 가면을 벗으면 행복을 얻을 수 있고, 불안도 사라진다. 불안도 결국은 솔직하면 물러간다. 겸허한 마음으로 고백하고, 인정하며, 받아들이면 달라지는 것이다.

그 어디에서 무슨 일을 하든 항상 내 마음에게 미안할 행동은 하지 말아야 한다. 내 인생에 미안할 인생을 살면 안 된다는 것이다. 그것은 내 인생에 대한 예의가 아니다. 그것은 내 인생과 처음부터 마지막까지 동행하는 이 세상에서 가장 친한 벗에게 할 행동이 아니다.

자신의 가슴이 살아 있는 삶, 솔직한 마음을 그대로 따르며 사는 삶, 언제나 신이 나고 흥이 나는 삶을 살아야 한다. 그것은 태초에 신이 우리에게 부여한 소명이다. 몸이 살아 있다고 삶이 살아 있는 것은 아니다. 우리는 솔직함으로써 불안을 제거하고 행복함으로 나가야 한다. 삶은 이렇게 자신에게 솔직하게 살면 되는 것이다.

10 지금 여기가 무인도라고 생각하자

단순함과 집중이 불안을 치유한다

도대체 무엇을 불안해하는가? 정면 승부하면서 한판 승부를 펼치면 다 극복할 수 있는데 말이다. 우리들은 사실 지나치게 불안해하고 있다. 불안해야 할 정도보다 훨씬 더 불안해하는 것이다. 그러나 지나친 불안은 도움이 안 된다. 열심히 살면 모두 극복되고, 극복할 수 없는 어려움이란 존재하지 않는다. 인간에게 주어진 시련이란, 한판 승부를 펼치겠다고 마음먹고 달려들면 거의 대부분 해결된다. 물론 예외적인 경우가 있기는 하다. 상대방이 나를 들이받는 교통사고나, 불시의 테러나, 급작스러운 다리의 붕괴 등은 쉽사리 피할 수 없다. 이것 외에 대부분의 경우는 노력으로, 준비로 극복할 수 있다. 사실 인생이란 대부분 유비무환(有備無患)으로 결정된다. 항상 준비하고 노력하는 자세로 살아가면 미래는 늘 안전하게 변화되기 때문이다. 삶의 위기 대부분 평소에 준비를 게을리 했기 때문이다. 부지런하고 치열하게 결과를 만들어 나가면, 반드시 미래는 대비된다.

　많은 사람들이 '무인도'를 동경한다. 무인도에서 한번쯤 살아보고 싶은 것이다. 영화 〈블루라군〉이나 〈캐스트어웨이〉의 주인공이 되어보고 싶은 것이다. 실제로 우리의 삶은 무인도에서의 삶과 유사한 측면이 많다. 우리는 많은 사람들에 둘러싸여 살아가지만, 실제로는 혼자서 살아가는 것과 다름없다. 직장에서나 집에서나 혼자 있는 시간이 많은 것이다. 실제로 삶은 혼자만의 시간이 대부분이다. 같이 생활을 하지만 혼자만의 생각 속에서 인간과 세상을 해석해 행동하는 것이다. 인문학이라는 것도 자기만의 생각으로 인간과 세상을 해석하는 것이다.

　무인도에서의 생활은 혼자서 식량을 구해야 하고, 집도 혼자서 지어야 하며, 몸에 상처가 나도 혼자서 치료를 해야 한다. 외로움도 혼자서 달래야 한다. 무인도에서 같이 살아가는 사람이 있다고 하더라도, 결국 혼자서 하는 일에 정교하게 몰입해야 한다. 그래야 문제를 해결해나갈 수 있다. 무인도에서의 삶은 가장 중요한 것에 집중을 하게 만드는데, 그것이 생존을 가능하게 한다. 단지 외로움이 문제다. 그러나 외롭다고 해서 투정 부리면서 아무

것도 안 하면 조만간 큰 위기가 닥치게 된다. 항상 다음을 대비해야 하는 삶에 터프하게 연결된 곳이 무인도이다. 그래서 외로움도 혼자서 해결해야 한다. 그리고 생활을 굉장히 단순하게 만들어야 한다. 안전하게 잠을 자야 하고, 몸에 상처가 생기지 않도록 해야 하며, 주위에 약초가 무엇이 있는지, 위험요소가 무엇이 있는지 알아야 한다. 그리고 무엇보다 먹을 수 있는 것을 어디에서 어떻게 구할지를 정확히 알고 있어야 한다. 무인도의 삶을 한마디로 이야기하면 단순하게 핵심에 집중하는 것과 외로움을 이겨내는 것이라 할 수 있다. 이것은 우리네 삶과 닮아 있다. 결국 이것이 삶의 핵심이다. 우리들은 군중 속의 고독을 극복해야 하고, 단순함 속에서 정교함을 발휘해야 한다. 그래서 삶을 안전하게 이끌어나가야 한다. 힘든 일이 많을수록 더 단순하게 생활해야 하고, 그러면서 가장 핵심적인 요소에 집중해야 한다. 그래서 눈에 보이는 성과를 내야 한다. 중간 중간마다 오는 심리적인 어려움을 스스로 극복해야 한다. 즉 우리의 삶과 무인도의 삶은 판박이와 같다.

우리는 무인도에서도 생존할 수 있다. 단순하게 핵심에 집중하는 생활을 하고, 외로움을 셀프 힐링으로 극복하면서 간다면 말이다. 결국 '우리가 두려워해야 할 대상, 불안해야 할 요소는 무엇일까?'라는 질문은, 궁극의 대답으로 연결된다. 단순하게 핵심에 집중하고, 외로움을 극복하면서 살아야 한다는 것이다. 우리의 삶이 복잡해지면서, 많은 것을 가지려고 하면서 오히려 가장 집중해야 될 대상에서 멀어진 것은 아닌지 반성해야 한다. 해야 할 것을 하지 못 해서 상황이 꼬이게 된 것은 아닌지 되돌아봐야 한다. 대인관계 역시 가려운 곳은 긁지 않고 가렵지 않은 곳은 피가 날 때까지 긁고 있는 것은 아닌지 생각해보자. 분명한 것은 핵심에 모든 것을 걸면 문제는 해결된다는 것이다. 사업도 "이것 아니면 죽는다."는 각오로 하면 대부분은 성공하게 된다. 목숨을 걸고 모든 부분을 꼼꼼하게 챙기면 망하지 않는 것이 사업이다. 자신의 능력을 믿고, 죽기 살기로 하면 되는 것이 삶이다. 우리는 복잡성의 세계에서 단순성의 세계로 넘어와야 한다. 도시의 삶에서 무인도의 삶으로 넘어와야 한다. 무인도에서 잘 살 수 있는 사람이 도시에서도 잘 살 수 있다. 무인도의 삶은 끊임없이 움직임으로써 적응해야 한다. 그곳의 원칙은 규칙성과 반복성이다. 타인의 규제 없이 자기 스스로 잘해야 하는 것이 무인도의 삶이다. 물론 외롭고 재미가 없을 수도 있다. 생계유지의 어려움과 혼자 있는 외로움을 처절하게 느끼면서 살 수도 있다. 그러나 그것을 해결해야 하는 것이 본인의 몫이다. 그 상황에 굴복하지 않고 해결하면서 나가야 하는 것이 모든 인간의 숙명이다. 뛰어난 경치를 보면서 스트레스를 풀 수도 있고, 수영을 하면서 기분전환도 할 수 있으며, 새로운 곳으로 여행을 떠날 수도 있다. 결국 삶이란 재미있게 사는 것이 가장 중요한 요소인데, 그 재미를 스스로 만들어야 하는 것이다. 외로움도 열심히 살아감으로써 잊어야 한다. 담담하게 외로움을 받아들임으로써 외로움과 친구가 되어야 한다.

우리는 너무 많은 것을 소유하고 있는지 모른다. 최대한 단순화하고, 핵심에만 집중하는 삶을 살아야 한다. 만약 본인이 결혼을 하지 못 할 것이 불안하다면 어떻게 해야 할까? 현재 상황이 연애를 할 수 없다는 결론이 난다면 깨끗하게 단념해야 한다. 지금은 죽었다고 생각하고 열심히 일을 하거나, 투잡 쓰리잡을 뛰면서 저축을 해야 한다. 살아도 산 것 같지 않은 삶이라면, 오히려 죽었다고 생각하는 것이 현명하다. 어떤 희망도 기대할 수 없을 때, 그 희망을 포기하는 것이다. 지금 무림의 세계에서 활동할 수 있는 내공이 부족하다면 다시 산 속으로 들어가 무공을 닦은 후에 나오는 것이 현명하다. 지금 연애를 할 형편이 되지 않는다면 최선을 다해서 일만 하는 생활을 1~3년만 하면 기반은 반드시 잡을 수 있고, 그런 바탕이 마련되면 자신감 있게 연애에 나설 수 있게 된다.

삶이 흔들린다 싶을 때는 모든 것을 다 끊고 핵심에 집중함으로써 전진하는 것이 바람직하다. 건강도 마찬가지다. 지금 건강이 문제라면 과감하게 건강을 위해서 투자하자. 남들보다 몇 년 늦는 것은 늦는 것이 아니다. 인생에서 늦은 때란 없다. KFC 창업주 커넬 센더스는 70세가 넘어서 빛을 보았다. 50대에 처음 글을 쓰고 나중에 빛을 본 노벨 문학상 수상자도 있다. 그래서 조금 늦는다고 조급증에 빠지면 안 된다. 문제만 해결하고 가면 언제든 앞서갈 수 있는 기회는 많은 것이 인생이다. 끊임없이 역전과 재역전이 벌어지기 때문이다. 인생에서 한번 1등이 계속 1등이면 노력할 필요가 없다. 그러나 인생은 다행히 노력하면 모든 것이 달라진다. 그리고 1등을 한 사람도 노력하지 않으면 그 순위를 유지할 수 없다. 사실상 인생이란 모든 사람에게 기회가 주어진 게임이다. 패자부활전은 죽을 때까지 펼쳐진다. 그래서 한번 해볼 만하고 언제나 흥미진진하다.

내 삶이 힘들다고 원망만 하고 있으면 안 된다. 그럴 때는 세상에 욕을 해도 좋고, 화를 내도 좋으며, 눈물을 흘려도 좋다. 다 좋다. 내 감정에 솔직한 것이 좋은 것이다. 사람은 솔직하게 살아야 한다. 그러나 언제까지 욕하고 화낼 수는 없다. 상황을 바꾸기 위해서는 노력밖에 없다. 국을 짜게 만들기 위해서는 소금을 넣는 수밖에 없다. 소망과 바람만으로는 무엇도 달라지지 않는다. 그래서 실천해야 한다. 최대한 단순화해서 가장 큰 성과를 줄 수 있는 부분에 목숨을 걸어야 한다. 죽을 만큼 노력해야 한다. 코피가 터지고, 눈알이 빠질 것 같이 힘들더라도 한번 해보는 것이다. 힘들어서 입 안에 쓴 맛이 돌 지경이면 "퉤!" 하고 침을 뱉고 다시 일하면 된다. 그 정도야 할 수 있지 않은가! 어차피 삶이란 힘든 고비를 넘기며 살아야 한다. 자신을 이기는 사람은 세상을 넘어설 수 있다. 그런 사람이 결국 모든 것을 넘어 문명의 진보를 이끌 사람이다. 불안할 때, 지금 나는 무인도에서 살고 있다고 생각하면 문제의 대부분은 해결된다.

11 숙제는 해야 한다는 것을 인정하자

불안은 회피할 수 있는 것이 아니다

해야 할 일은 피할 수가 없다. 예를 들어 생활비는 벌어야 한다. 결혼을 했다면 아이의 뒷바라지는 반드시 해야 한다. 자식의 뒷바라지를 못하는 사람은 부모의 자격이 없는 사람이다. 나는 지금 아직 미혼이다. 여자 친구도 없다. 그런데도 삶이 힘들다. 내 스스로 상당히 불안해하고 있음을 직감적으로 느낀다. 칼 위에 서있는 느낌이라고 할까. 나는 직장생활을 거부하고, 나만의 길을 걷고 있는데, 이런 면이 불안을 더 부추기는 것이다. 그러나 나는 나만의 세계를 창조하고 싶고, 내가 죽고 난 뒤에도 사람들에게 도움을 주고 싶다는 열망이 크다. 그래서 불안을 감수하고 도전하고 있다. 즉 내가 좋아서 불안을 선택한 것이다. 그러나 이 길은 힘들다. 내 몸을 혹사하는 경우도 많고, 나의 정신을 파괴적인 체험까지 이끌 때도 많다. 상대방의 마음을 이해하기 위해서, 인문학이 무엇인지 이해하기 위해서 계속 생각하고 또 생각해야 한다. 힘은 들지만 나는 행복하다.

그러나 때로는 피하고 싶기도 하다. 누워서 자고 싶고 도망가고 싶다. 그러나 해야 할 일은 해야 하는 것이 인간의 숙명이다. 성인이 된 입장에서 나의 생활비는 벌어야 하기 때문이다. 어머니는 내게 이런 말씀을 하셨다. "학교 다닐 때보다는 힘든 것은 당연하다. 학교는 돈을 주고 다녔고, 지금은 돈을 벌고 있기 때문이다. 그리고 지금보다 나중에 훨씬 힘들 것 또한 당연하다. 지금은 홀몸이지만, 나중엔 처자식을 먹여 살려야 하기 때문이다." 나는 고개를 끄덕였다. 그러면서 '지금보다 더 열심히 해야겠구나.'라는 생각을 했다. 또 '내가 지나치게 고상하게 살고 있고, 하고 싶은 대로 살고 있구나.'라는 것도 느끼게 되었다. 물론 연봉 1,500만 원을 받아도 잘 살 수 있다고 믿는다. 설사 결혼을 하더라도 말이다. 행복은 꼭 돈에 있는 것이 아니다. 그러나 지금 할 수 있다면 많은 돈을 버는 것이 마땅한 의무이다. 최선을 다한다면 길은 분명 나타난다.

삶에서 타협할 수 없는 선은 분명 있다. 음식을 먹지 않으면 살 수가 없고, 결혼을 하지 않으면 2세는 없는 것이다. 말기암에 걸리면 6개월 내로 죽을 수밖에 없는 것이다. 결국 이런 것들은 타협할 수가 없다. 물론 물러나는 것이 덜 고통스러울 수는 있다. 그러나 물러나 버리면 인생이 송두리째 뽑혀 버린다. 그것은 결국 삶이 아니게 된다. 물러날 수 없는 상대를 만나게 되면 실전 격투가로서의 면모를 마음껏 선보여야 한다. 온갖 기술을 써서 상대를 쓰러뜨려야 한다. 실전 격투이기에 지면 끝이다. 따라서 어떠한 타협선도 존재할 수 없다. 목숨을 걸어야 하는 것이다.

반드시 해야 할 일은 부담스럽다. 그래서 이것이 과연 옳은 것인가에 대한 생각을 다시 하게 된다. 즉 철저한 검증을 하고 싶은 마음이 생기는 것이다. 이건 좀 아닌 것 같다는 생각도 드는 것이다. 그러나 다시 생각해보아도 피하지 말아야 할 대상이라고 결론나면 싸워서 이겨야 한다. 살기 위해서는 무조건 생활비를 벌어야 하고, 가족을 굶기지 않기 위해서는 무조건 성과를 내야 하기 때문이다. 건강한 가정생활을 꾸리기 위해서는 무조건 아내와 합심해야 한다. 그리고 자식들을 올바로 가르치기 위해선 솔선수범하며 살아야 하는 것이다. 시간을 내서 자식과 대화도 많이 해야 한다. 20살까지는 100퍼센트 뒷바라지해야 하고, 대학까지는 졸업시키되, 그 다음부터는 스스로 성장할 수 있도록 이끌어야 한다. 이것은 피곤한 일이다. 그러나 해야 할 일이다.

예를 들어 만약 지금 전쟁이 났다고 해보자. 그렇다면 적군을 죽이는 일은 옳은가, 그른가. 아무리 전쟁이 났다고 하더라도 사람을 죽이는 일은 싫은 일이다. 절대로 하고 싶지 않은 일이다. 차라리 내가 대신 죽고 싶은 마음이다. 그러나 전쟁에 맞서지 않으면, 나의 목숨과 가족의 목숨, 나아가 국가의 운명은 지킬 수 없다. 분명 사람을 죽이는 일은 죄를 짓는 일이고, 괴로운 일이지만, 해야 하는 일이다. 이것은 절대로 타협을 할 수가 없는 것이다. 이런 완고함, 이런 강인함, 이런 강제성이 인생에서는 절대적으로 필요하다. 예를 들어 회사에서 야근을 많이 시킨다고 해보자. 그리고 야근 수당도 주지 않는다고 해보자. 사장을 설득해도 받아들여지지 않는다면 어떻게 해야 할까? 설득이 되지 않는다고 내 마음대로 행동해선 안 된다. 내가 밖에서 먹고 살 거리를 만들 능력이 되지 않는다면 당분간은 가만히 있을 수밖에 없다. 기분은 나쁘지만 어쩔 수 없다. 그러나 때가 되면 회사를 나오는 것이 옳고, 다른 사원들을 위해 노동청에 신고하는 것이 바람직하다. 물론, 사장에게 신세를 진 것이 고맙고 미안하기 때문에 노동청에 신고를 하는 것을 망설이게 되겠지만, 하는 편이 옳은 것이다.

실제로 직장생활을 해보면 모순적인 상황에 많이 맞닥뜨릴 때가 많다. 내 마음에 들지 않는 동료가 그렇다. 도통 말이 통하지 않는 것이다. 그러나 그것 때문에 이직(移職)을 할 수는 없으므로 다니긴 하는데, 도무지 화합은 안 되는 것이다. 답답함이 점점 커지게 된다. 그럴 때는 그런 존재를 인정하고, 최소한의 대화만 하면서 같이 지내는 수밖에 없다. 물론 최대한 노력을 한 이후에 말이다. 그리고 직장생활을 해보면 벙어리 냉가슴으로 지내야 할 때가 많다. 할 말을 다 할 수가 없는 것이다. 그것은 상사나 사장이나 모두 마찬가지다. 특별히 윗선에서 나를 잘 보아주는 사람이 없다면 항상 눈치를 보면서 지낼 수밖에 없다. 일도 잘 해야 하고, 상사의 기분도 생각해야 하는 일종의 '이중 플레이'를 해야 한다. 마음에 들지 않는 사람을 이해하고 받아들이면서 힘든 일을 열심히 하는 수양의 계기로 삼아야 한다. 성공하는 사람은 힘든 상황을 자기를 가다듬는 수단으로 삼고, 더 삼가는 것으로써 앞으로 나아간다.

그러나 세상에 불평불만인 사람은 이런 현실을 한탄하며 제대로 생활하지 않는다. 그러나 열심히 살지 않으면 가장 큰 손해를 보는 사람은 본인이다. 회사가 아니다. 그 점을 명심하고 항상 스스로를 삼가는 쪽으로 나아가야 한다. 상대를 존중한 후에 다음을 생각하는 것이 옳은 것이다. 또, 진심으로 대하는데도 상대가 나를 전혀 몰라줄 수도 있다. 나는 분명 상대를 위해서 하는 말인데도 듣지를 않는 것이다. 그런 점도 이해해야 한다. 우리는 솔직하게 살아야 하지만, 회사생활을 할 때는 항상 삼가는 태도가 필요하다. 그것이 우리들의 직장생활이고, 일상이다.

　삶이 피곤한 이유는 "하고 싶지 않은 데도 해야 되기" 때문이다. 그래서 지겨움에 빠지기도 하고, 화가 나기도 한다. 그런 면에서 세상은 만만하지 않다. 새벽에 일하고 싶지 않은 데도 일의 특성상 새벽에 일해야 한다. 대학병원의 전기기사는 3교대로 일하는데, 로테이션을 하기 때문에 생체리듬이 계속 바뀐다. 결국 짜증이 나고, 행복하지 않은 상태를 경험하게 된다. 그러나 먹고 살아야 하니까 다른 곳에 가기 전까지는 그곳에서 일해야 하고, 그곳의 법을 따라야 하는 것이다. 신문배달이나 버스운전 등 새벽에 해야 하는 일들은 많다. 여의도 증권가의 애널리스트들 아침 7시까지 출근하고, 7시 30분에 아침 회의를 한다. 무조건 아침 7시까지는 회사에 가야 한다. 자기 혼자 빠질 수는 없는 것이다. 만약 빠진다면 회사를 다닐 수 없다. 그런 강제성이 우리들의 삶을 전체적으로 지배하고 있다.

　자유롭게 일하는 나도 힘들다. 원고청탁이 들어오면 마감일까지 원고를 출판사에 보내줘야 한다. 그런 면에서 항상 긴장이 되고 힘들다. 또, 투고할 원고를 쓸 때도 항상 긴장한다. 최상의 원고를 쓰기 위해서 준비과정이 만만치 않으며, 기획하는 것 자체도 쉽지 않다. 특히 사실상 365일 매일 원고를 기획하고 있다고 해도 과언이 아니다. 그러면서 자신의 색깔을 살려야 한다 불규칙적인 생활 속에서 규칙성을 만들어야 하고, 한 달이 지날 때마다 원고를 완성해야만 한다. 그래야 생활비를 벌 수 있기 때문이다. 가장 자유로운 직업이지만 오히려 더 엄격한 강제성이 따르는 것이다.

우리들은 이런 강제성을 받아들여야 한다. 해야 할 일은 피곤하더라도, 눈이 오더라도, 태풍이 오더라도 해야 하는 것이다. 그것이 우리의 권리이자 막중한 의무이기 때문이다. 우리는 항상 열심히 살아야 한다. 어떤 일에도 불평불만 하면 안 된다. 학창시절 선생님이 복도청소를 시켰다면 정말로 열심히 해야 한다. 그것이 학생의 의무이기 때문이다. 학교 다닐 때는 될 수 있으면 결석하지 말아야 하고, 열심히 공부해야 한다. 운동으로 승부를 보고자 했다면, 운동에 모든 것을 걸어야 하는 것이다. 평범한 훈련이 계속되어 지루하겠지만, 그 속에 재미와 즐거움이라는 생명을 불어넣어 행복한 훈련이 되도록 만들어야 한다. 그것이 우리들 삶의 숙제이고, 임무이다.

이 강제성이 항상 좋다는 식으로 말하지는 말자. 다만 그것이 인간의 운명에 부여된 어떤 숙제라고 생각하자. 어차피 해야 하는 것이라면 그 속에서 즐거움과 재미를 찾자. 그리고 최고의 결과를 낼 수 있도록 최선을 다하자. 삶이란 최선을 다하면 결국 모든 것이 달라진다. 싫은 사람도, 싫어하는 일도 노력하면 달라질 수 있다. 우리는 이 강제성을 하나의 '피학성'으로 받아들이고, 이 속에서 즐거울 수 있도록 하자. 힘든 상황 속에서 최선을 다하면 어떤 깨달음을 얻을 수 있고, 어떤 독특한 형태의 재미도 만나게 될 것이다. 그렇게 삶의 여정을 즐기면 된다.

12 영화의 클라이맥스는 늘 불안하다

크게 보면 불안은 불안이 아니다

삶이 불안하다면 삶을 하나의 영화라고 생각해보자. 그리고 내가 그 영화 속의 주인공이라고 생각해보자. 삶은 한번 살아볼만한 것이며, 어떤 반전이 있을 것이라는 기대를 하게 된다. 그러면 힘을 내게 되고, 용기를 가지게 된다. 자기 자신에 대한 자신감을 가지게 된다. 실제로 삶이란 한편의 영화와 같은 것이다. 내가 주인공인 그 영화는 내가 이 세상을 떠나게 되었을 때 최종 완성된다. 그리고 지금 우리는 영화의 초중반 혹은 중반부를 멋지게 써나가고 있다. 영화의 묘미(妙味)는 어디에 있는가? 결말부인가? 해피엔딩을 맞고, 주인공이 성공하는 순간인가? 절대 그렇지 않다. 영화광이라면, 아니 보통사람이라도 그것은 쉽게 알 수 있다. 영화가 가장 재미있는 순간은 주인공이 온갖 위기를 헤쳐 가는 순간이다. 앞으로 어떻게 될지 몰라 긴장감이 넘치고, 침을 꼴깍 꼴깍 삼키는 순간이다. 그때 모든 관객은 숨을 죽이고, 스릴과 감동을 느끼면서 영화에 몰입하게 된다. 그러나 성공을 하거나 어떤 안정기에 접어들면 영화가 시들해진다. 긴장감이 사라지고, 영화가 무미건조해지기 때문이다. 나는 우리들의 삶도 그런 것이라고 오래 전부터 생각해왔다. 박진감이 넘치고, 기복(起伏)이 있으며, 좋고 나쁜 일이 거듭되는 삶이 재미있고 좋은 것이다. 위기를 극복하면서 사는 것이 인생이다.

실제로 삶이 불안한 것은 삶의 큰 그림을 못 보고 있기 때문이다. 삶의 반전(反轉)에 대해서 놓치고 있으며, 너무 작은 것에 몰두해서 삶의 진실을 놓치고 있기 때문이다. 당장 일본이나 홍콩만 가도 전혀 다른 풍경이 펼쳐지고, 그곳에 있으면 전혀 다른 생각들을 할 수 있게 된다. 내 삶도 최선을 다한다면 다른 일들이 펼쳐질 수 있다. 그런데 현재의 상황에만 지나치게 몰두하고 있는 것이다. 그래서 불안의 함정에서 빠져나오지 못 하는 것이다. 삶이 힘들 때는 저 멀리를 보아야 한다. 희망을 보고 힘차게 전진해야 한다. 삶이란 얼마든지 바뀔 수 있다. 지금 삶이 힘들다면 1년만 한번 열심히 미쳐보라. 삶은 틀림없이 바뀐다. 어떤 액션을 해보라. 그럼, 분명 변화가 생긴다. 행동을 하고, 사람들을 만나면 분명 변화가 온다. 만약 삶의 변화를 원한다면 사랑하는 사람을 만들어도 좋다. 사랑하는 사람을 만들기엔 모든 것이 부족하다고? 미치면 된다. 그냥 좋아하면 좋아한다고 대놓고 말하면 된다. 돌직구를 날리며 한방에 끝내면 된다. 뜨겁게 연애를 한다는 것은 육체적인 것만을 의미하지 않는다. 뜨겁게 대화하고, 뜨겁게 여행하고, 뜨겁게 편지를 쓰면서 진지한 교감(交感)을 하게 되면 전혀 다른 삶이 펼쳐진다. 좋은 기분으로 인해 생각이 긍정적으로 바뀌고, 행동마저 긍정적인 쪽으로 나아가기 때문이다.

삶이 불안할 때는 종교에 미치는 것도 좋다. 뜨겁게 기도하면 길은 나타난다. 로또복권 1등 당첨자들이 가장 많이 꾼 꿈이 무엇인지 아는가? 바로 조상 꿈이다. 어떤 눈에 보이지 않는 것이 분명 존재한다. 그것이 하나님이든, 부처님이든, 조상신이든 존재하는 것이다. 극단적인 상황에 처해 있는 사람이 100일 이상하루종일 기도하면 어떤 변화가 틀림없이 나타난다. 매일 2시간에서 4시간 정도 자리에서 뜨지 말고 절실하게 기도하면 신(神)은 분명 응답을 주신다. 나는 아직 그런 체험을 해보지 못 했지만, 그런 사례들은 너무나도 많다. 세상에는 분명 눈에 보이지 않는 어떤 신적 존재가 있는 것 같다. 그래서 절실하게 자신을 찾는 자에게 응답을 주는 것이다. 조상신이 나타나는 것도 어느 정도 같은 맥락이 아닐까 생각해본다. 평소 조상을 잘 모시고, 열심히 살았기 때문일 것이다. 불안할 때는 종교에 미쳐보는 것도 좋다.

이 세상을 잘 사는 사람은 크게 '착각'을 하고 사는 사람이다. 현실을 있는 그대로만 받아들이지 않고, 왜곡하여 받아들이는 사람이다. 그러니까 자기 생각과 철학에 따라서 사는 사람이다. 세상이 정한 규칙이 아니라 자신이 제정한 법과 원칙에 따라서 철학과 가치관 나아가 세계관까지 만들고 그것을 따르며 사는 것이다. 물론 자기 마음대로 살고 남에게 피해를 준다는 의미는 아니다. 세상을 크게 변화시킨 사람들은 대부분 자신만의 철학으로 세상을 해석했고, 그로써 세상을 리드해 나갔다. 그 사람들은 남들이 말하는 대로 살지 않았고, 인생의 중요한 고비에 섰을 때 다른 사람에게 묻지 않고 자신의 철학으로 회귀해서 정답을 찾아냈다. 그들은 어떤 중대한 선택을 할 때마다 자신에게로 돌아가는 길을 걸었고, 자신의 철학을 종교처럼 신봉했다. 그 결과 자신만의 독창적인 길을 만들어냈다. 자신의 생각이 절대적으로 옳다고 믿었다. 그것이 비록 틀린 것일지라도 상대방에게 설득했다. 워낙 확고하니 다른 사람들도 속아 넘어갔다. 그런데 그런 사람들이 일을 낸다. 그런 확신과 열정 덕분에 세상의 주인공으로 우뚝 솟아오른 것이다.

자신만의 종교를 만든 사람들도 그렇고, 과학사에 한 획을 그은 사람들도 그러며, 위대한 철학자도 그러했다. 이 사람들은 자신의 생각이 객관적으로 옳든 옳지 않든 그것을 철저히 따랐다. 물론 그 후 그릇된 것으로 평가된 것들도 있지만, 그 당시에 그들

　　　　　　　　　　　　　　불안하다면

은 모두 영웅이었다. 그 당시에는 비록 인정을 받지 못 했지만 후대에서 영웅으로 평가 받는 사람들도 자신의 생각을 철저하게 신봉한 사람이었다. 비록 고문을 당하고, 죽임을 당하더라도, 또 엄청난 가난과 배고픔 속에서도 자신의 길을 포기하지 않았던 것이다. 그들은 현세에서는 힘든 삶을 살았지만, 후세에서는 영원히 사는 삶을 살았다. 실제로 한 개인의 삶을 역사적인 삶으로 승격시키는 사람들은 모두 이런 삶을 살았다. 자기만의 착각 속에서 산 것이다. 마치 자신을 영화의 주인공으로 생각하며 살았던 것이다.

실제로 대통령을 하는 사람들도 조금은 미친 사람들이다. 이 사람들은 제정신이 아닌 사람들이다. 생각해보라. 멀쩡한 사람이 대통령을 하겠다고 나서다니, 그것이 정상이라고 할 수 있겠는가? 정말 간이 큰 사람이고, 배포가 큰 사람들이다. 보통 사람들과는 거리감이 있는 사람이다. 이들은 대통령이 되지 못 했을 때는 별로 인정을 받지 못 했던 사람들이었다. '대통령 병에 걸렸다.'느니 '야심이 크다.'느니 등의 말을 들었다. 그러나 그들은 대통령이 됨으로써 자신만의 역사를 만들어낼 수 있었다. 불굴의 의지를 가지고 계속 한 길을 걸어갔던 것이다.

삶이란 착각 속에서 살지 않으면 안 된다. 그렇게 살지 않으면 남들이 규정하는 대로만 살게 되기 때문이다. 강한 사람은 자기만의 확고한 생각을 통해 다른 사람들을 설득하는 사람이며, 세상 사람들을 자기편으로 만드는 사람이며, 그로써 세상을 자신의 생각대로 바꾸는 사람이다. 우리는 우리가 영화의 주인공이라고 생각하며 살아야 한다. 그렇게 착각을 하고 살면 삶의 위기도 별 것 아니게 되고, 우리 자신의 생각에 혼(魂)을 불어넣을 수 있으며, 확신을 심어 넣을 수 있게 된다. 그리고 생각을 하더라도 더 치열하게 함으로써 진정한 올바름으로 나아갈 수 있다.

물론 인간은 완벽할 수 없다. 그것은 누구라도 마찬가지다. 예수, 부처, 소크라테스, 공자, 스티브잡스, 빌게이츠, 손정의, 김구 선생도 완벽하지 않다. 그들도 인간이기 때문이다. 다만 우리는 치열하게 완벽함으로 나아가려고 노력할 뿐이다. 그리고 그런 노력은 우리들을 결코 배신하지 않는다. 형편없는 노력을 하고 자신이 보상을 받아야 한다거나, 제대로 된 검증을 하지 않으면서 자신이 옳다고 생각하면 안 된다. 그것은 자신을 포함해 모두를 망치는 길이다. 따라서 최선을 다해서 노력해야 한다. 그리고 어느 정도 노력을 깊이 했다면 자신을 믿을 수 있어야 한다.

자신을 영화의 주인공처럼 생각해야 한다. 마치 카페라떼처럼 삶의 쓴 고통도 달콤하게 받아들일 수 있어야 한다. 그래야 불안이 사라지고, 행복으로 나아가며, 삶을 더욱 건강하고 달콤하게 살아갈 수 있다. 우린 삶을 축제로 받아들이고 즐겨야 한다.

인문학이란 무엇인가? 자신의 눈으로 인간과 세상을 인식하고 그로써 철학을 세우는 일이다. 세상을 보는 프레임을 형성하는 일이고, 그로써 세상을 살아갈 기준을 확립하는 일이다. 이것은 철저히 자신만의 가치관으로 해야 한다. 수양대군이 단종을 죽인 일을 잘한 일로 평가할 수도 있고, 잘못한 일로 평가할 수도 있다. 중요한 것은 그에 대한 논리적 근거다. 자신만의 눈으로 세상을 보고, 논리의 뼈대를 갖추고, 그를 판단의 근거로 해서 삶을 멋지게 살아가면 된다. 그것이 바로 인문학이며, 인간의 핵심적인 정신이다. 이것을 기억하며 한 번뿐인 삶을 제대로 살아가야 한다.

인생은 아름답다. 삶이라는 개념, 고통이라는 개념, 불안이라는 개념을 뛰어넘어 아름다움 속으로 들어가야 한다. 자기만의 세계를 아름답게 그리고, 멋지게 살아가야 한다. 우리는 그럴 권리가 있다. 인류는 그렇게 함으로써 문명의 진보를 이뤄 왔다. 우리는 한 개인을 넘어, 역사로 도약하는 위대한 삶을 살아야 한다.

존재의 본질은 불안이다. 불안이란 현 존재가 우연적 존재임을
드러내는 여러 방법 중 하나이다.

– M. 하이데거 –

13 결정적 순간,
자신의 전부를 걸어라

두려움이 없으면 불안도 없다

부인하고 싶지만, 인생은 결국 도박이다. 어쩌면 이것이 인생의 진정한 묘미인지도 모른다. 왜냐하면 인생이란 한 번은 자신의 전부를 걸고 결정적인 승부를 보아야 하기 때문이다. 그것은 자신의 전부를 잃을 수도 있는, 어쩌면 무모하고 한편으로는 용감한 선택이다. 인생이란 계단식으로 올라가는 것이 아니다. 단한 번에 비약적인 도약을 하는 경향이 강하며, 눈에 보이지 않는 요소가 작용하는 경우가 많다. 즉 성실만으로는 안 되는 어떤 운(運)이나, 돌발변수 같은 것이 작용하면서 매우 복잡하게 흘러가는 것이 삶이다. 따라서 도박적 요소가 많다. 실제로 인생은 '타짜'처럼 살아야 하는 것이기도 하다. 도박적인 변수들을 모두 컨트롤하면서 통제까지 해야 하기 때문이다. 돌발변수까지 철저하게 통제하면서 가야 하는 것이 삶이다. 그런 것에 휘둘리는 것이 아니라 그런 것까지 한 손아귀에 꽉 쥐면서 앞으로 나가야 하는 것이다. 그러나 그럼에도 인생은 불안하다. 어떻게 될지 모른다. 그래서 과감하게 배팅을 하고, 때로는 자신을 전부 거는 'All-In'마저 해야 한다. 실제로 All-In은 많이 위험하다. 단 한 번에 모든 것을 잃을 수도 있기 때문이다. 그래서 겁난다. 두렵다. 불안하다. 그러나 그것이 삶이다. 실제로 노무현 대통령은 자신의 전부를 던지는 승부사적인 경향이 있었는데, 정치인으로서는 더욱 긍정적 소양이라 하겠다. 우리들의 삶도 성과를 내려면 자신의 전부를 거는 승부사가 되어야 한다. 그래서 결정적인 승부가 있을 때마다 결판을 지으면서 가야 하고, 때로는 자신의 모든 것을 던지는 승부수로 변수들을 헤쳐 나가야 한다. 물론 혈기만으로 움직여선 안 되고, 철저한 계산과 합리성으로 이길 수 있는 도박을 해 나가야 한다는 필수 전제가 따라붙는다.

인생은 도박이라고 하니, 배팅하는 것만 생각할 수도 있겠다. 그러나 도박을 잘 하려면 전천후(全天候)가 되어야 한다. 도박만 잘해서는 승리를 지킬 수 없기 때문이다. 한때 이병헌과 송혜교가 출현하여 큰 인기를 끈 〈올인〉이라는 드라마가 있었다. 카지노가 배경인 드라마인데, 이 속에서 이병헌은 겜블러(도박사)로 나온다. 이병헌의 삶은 매우 힘든데, 감옥에 다녀오는가 하면, 폭력배들에게 쫓기기도 하고, 살인사건에 연루되어 미국으로 도망을 치기도 한다. 미국에서는 생선을 나르고 멕시코 갱들에게 무술을 가르치기도 하고, 나중에는 마피아의 행동대원으로 활동하다 총까지 맞는다. 실제로 죽을 뻔한 것이다. 그러다 라스베가스에서 도박을 공부해서 성공한다. 실제로 삶 자체가 굉장히 거칠고 힘든 것이다. 도박을 잘 하려면 싸움도 할 줄 알아야 하고, 속임수를 쓰려면 잔재주뿐만 아니라 머리도 좋아야 한다. 확률 계산을 할 줄 알아야 하고, 다양한 변수들을 컨트롤 할 수 있어야 하기 때문이다. 실제로 우리나라에서 도박을 하는 사람은 대부분 패가망신한다. 나는 초등학교 때 그들이 세계적인 도박사가 되지 못 하는 이유가 궁금했다. 그러나 그것은 엄청난 노력이 따르는 일이다. 또한 싸움을 하는 깡패들도 실전 격투가로 나서면 되지 않겠는가라고 생각했다. 그러나 그것 역시 엄청난 노력이 필요한 일이다. 쉬운 일이 아닌 것이다. 체계적이고 집중적인 노력과 집념 그리고 인내와 끈기도 필요한 것이다. 총체적인 능력이 필요하다. 그것이 도박이고, 삶인 것이다.

우리는 이런 점을 충분히 인정하고 제대로 된 도박사가 되어야 한다. 삶이 불안한 것은 어쩌면 도박의 속성을 가지고 있기 때문인지도 모른다. 미래를 예측할 수 없다는 점, 항상 돌발변수가 생긴다는 점, 그래서 한 번에 모든 것이 망가질 수도 있다는 점, 실력도 필요하고 용기도 필요하다는 점, 그럼에도 실패를 할 수 있다는 점, 실패에서 일어서려면 많은 노력과 투지가 필요하다는 점, 진정한 승부를 하려면 자신의 전부를 걸어야 한다는 점 때문이다.

항상 열심히 사는 것이 기본이다. 모든 것을 나의 기회로 만들겠다는 태도로 살아야 한다. 뒤로 빼는 것이 아니라, 일단 기회라고 생각한다면 무조건 나서야 한다. 마음에 드는 여자를 만나면 차이는 수모를 감수하고서라도 고백해야 한다. 좋아하는 일이 생기면 일단 해보아야 한다. 해보고 나서 결정해도 늦지 않은 것이다. 실패를 한다면 생선가게에서 생선을 나르고, 밑바닥에서 다시 시작하면 된다. 그러면서 기회를 보면 되는 것이다. 기회란 그렇게 열심히 살아가는 사람에게는 반드시 오게 되어 있다. 그것에 안주하고 만족하면서 변화하지 않으려고 하는 사람에게 기회는 없다. 열심히 일을 하고, 기회의 빨랫줄이 오면 그 빨랫줄을 타고 멋지게 창공을 가르면 되는 것이다. 물론 그 창공이 시커먼 구름에 뒤덮여 있어 비행이 힘들 수도 있다. 그러면 어떤가? 내려와서 다시 시작하면 된다. 인생이란 본질적으로 재미있어야 하고, 하고 싶은 일이 있으면 해보아야 하며, 내 가슴이 신나는 삶을 살아야 한다. 가슴이 죽은 삶을 사는 것은 슬픈 일이고, 억울한 일이며, 삶을 낭비하는 것이다. 그렇게 살다 죽으면 얼마나 원

통할까? 그렇게 하고 싶은 것 하나도 못 하고 살기 싫은 삶만 살면 임종(臨終)을 맞을 때 어떤 생각이 들까? 아마도 회한의 눈물을 흘리지 않을까? 나서야 한다. 인생 자체를 마치 도박사처럼 거칠고 치열하게 때로는 후줄근하게 살아야 하는 것이다. 공주님처럼 손에 구정물 하나도 묻히지 않고 고상하게 살려 한다면 인생에서 놓쳐야 할 것들이 너무 많다. 생각해보면 이 세상에 험한 꼴을 보지 않고 얻을 수 있는 것이란 거의 존재하지 않는다고 해도 과언이 아니다. 대학입시, 취업, 승진, 연애 등 모든 부분에서 그렇다. 원하는 물건을 사려고 해도 많은 노력을 해야 싸고 좋은 물건을 구입할 수 있다. 가만히 앉아서 얻을 수 있는 건 없고, 가만히 앉아 있는데도 찾아오는 기회란 대부분 사기일 가능성이 크다. 손쉽게 얻을 수 있는 건 없고, 공짜는 없기 때문이다.

삶이란 힘들게 살아야 한다. 도박사처럼 살아야 한다. 평소에 실력을 쌓고, 내공을 닦으면서 앞으로 나가야 한다. 삶에서 부끄러운 것은 없다고 생각해야 한다. 때로는 거친 행동도 필요하고, 다양한 협상도 필요하다. 그 순간을 넘겨야 할 때는 어떤 행동이라도 해야 하기 때문이다. 물론 문제가 있는 행동을 하라는 의미는 아니다. 생각을 유연하게 가지고 융통성을 발휘해 진정한 실용주의자가 되라는 의미다. 삶을 지배하고, 내 것으로 만드는 리더가 되어야 한다. 이렇게 살다가 결정적인 순간이 오면 도전을 해야 한다. 인생이라는 판을 계속 키워서, 완전히 게임을 내 것으로 만들 수 있도록 해야 한다. 인생에는 반드시 그런 순간이 온다. 그리고 매번 온다. 그것이 작은 것이라고 하더라도 그 고비를 넘겨야만 성장을 할 수 있다. 그래서 작은 승부라고 할지라도 넘어서야 한다. 그것을 넘기지 못하면 다음은 없기 때문이다. 1차 시험에 합격하지 못 하면 2차 시험은 없는 것이다. 1차 시험은 비록 화려하지는 않지만 반드시 넘어가야 하는 관문이다.

삶의 진정한 묘미는 우리들의 삶이 도박이라는 데 있다. 도박은 항상 불안하고 긴장이 되며 흥미진진하기 때문이다. 고여 있는 물이 아니라 급류에서 엄청난 속도로 구비치는 흐르는 물인 것이다. 삶의 불안 앞에서 진정한 도박사로 변신해 불안을 지배하는 건 어떨까? 나는 때때로 삶이 힘들 때 '그래, 삶은 도박이지.'라는 생각을 종종 한다. 그러면서 나를 힘들고 고통스러운 곳으로 다시 떠민다. 매 순간의 고통을 즐기면서 나아가라고 나 자신에게 말한다. 고통을 마음껏 받아들이는 것이다.

손에 구정물을 묻히지 않으려고 해선 안 된다. 힘들게 살아야 한다. 도박사가 되어야 한다. 화이트컬러로 양복을 입고 점잔을 빼려고 해선 안 된다. 힘들게, 좀 더 힘들게 살아야 한다. 자신을 고통으로 밀어넣고 런닝 한 벌 입고 땀흘리면서 일해야 한다. 그래서 진정으로 강한 사람으로 태어나야 한다. 삶은 누구나 힘들다. 힘들지 않은 사람은 한 명도 없다. 약한 마음을 먹으면 누구라도 쓰러지게 마련이다. 삶은 실제로 무시무시하다. 바다 밑에 상어가 있듯이 삶의 곳곳에는 어려움이 존재한다. 피하기 시작하면 맨날 도둑놈처럼 도망만 다녀야 한다. 삶이 재미있는 것은, 마음을 다르게 먹고 고통을 감내하면서 살겠다고 생각하면 모든 것이 편안하게 받아들여진다는 것이다. 부끄러운 것이 없게 되는 것이다. 절약을 위해서 차를 사지 않아도 부끄럽지 않고, 허름하게 입어도 엄청난 프라이드를 느끼면서 살 수 있다. 지금 당장이라도 청와대에 가서 대통령과 협상할 수 있는 배짱이 생긴다. 삶이란 생각을 달리 가지면 한계가 사라지기 때문이다. 그래서 항상 긍정적으로 생각하고, 열심히 살아야 한다. 삶의 불안을 없애겠다는 것이 목표가 되면 인생이 낮은 커트라인에 머물고 만다. 인생을 크게 보고, 이 세상에 큰 도움을 주고 가겠다는 큰 뜻을 품으면 모든 것을 가볍게 뛰어넘을 수 있다. 그러면 삶의 고통은 대수롭지 않게 와 닿게 된다.

도박사의 삶은 힘들다. 싸움도 해야 하고, 속임수도 익혀야 하며, 승부수도 던져야 한다. 한마디로 총체적 지식과 실전기술이 필요한 것이다. 많이 힘들다. 그러나 이런 힘든 것이 재미있다고 생각하고 받아들이면 다르게 와 닿게 된다. 전혀 다른 기쁨을 느낄 수 있게 된다. 그래서 힘을 내게 되고, 진정한 능력 발휘를 할 수 있게 된다. 우리는 도박사로 태어나야 한다. 인생을 도박하듯이 살아야 한다. 최고의 기술을 습득해 세계 최고의 겜블러로 우뚝 솟아야 한다. 때로는 거칠게, 때로는 섬세하게, 때로는 치밀하게 나가야 한다. 마지막에 큰 승부수를 던지고, 자신의 모든 것을 걸고 승부를 완결지어야 한다. 이때 당연히 모든 것을 잃을 수도 있다. 그런 것을 감수하며 가는 것이 바로 삶이다. 고통을 감수하며 살겠다고, 힘을 내어 진정한 실전 격투가로 살겠다고 결심하는 순간, 도박사의 삶은 열리고 불가능은 가능으로 바뀌게 된다.

14 가끔은 자신에게도 당근을 주자

불안과 행복은 양립할 수 있다

흔히 사람을 관리하는 기본 원칙이 바로 당근과 채찍이라고 한다. 그런데 이것은 자신에게 적용해야 한다. 왜냐하면 인생은 자신이라는 한 인간을 경영하는 일이기 때문이다. 그 인간이 타인이 아니라 본인이 되었다는 차이점만 존재할 뿐, 인간을 경영한다는 기본은 틀리지 않기 때문이다. 따라서 당근과 채찍을 함께 사용해야 한다. 자신을 채찍으로 때리면서 가혹하게 다루는 것은 필요하다. 그래야 강제성이 생긴다. 그래야 앞으로 나갈 수 있는 추진력을 지닐 수 있게 된다. 그러나 채찍만 있으면 사람은 지치고 만다. 따라서 당근이 필요하다. 사람에겐 휴식이 필요하고, 그것도 달콤해야 한다. 우리는 자신에게 보상과 선물을 해야 하고, 재미와 즐거움을 느낄 수 있는 것들을 많이 해줘야 한다. 그래야 지치지 않을 수 있다. 이른바 삶에는 낙(樂)이 있어야 하는데, 그 낙은 남이 만들어주는 것이 아니다. 많은 사람들이 인생의 낙은 남이 만들어주는 것으로 착각을 한다. 그래서 사람들은 불행하다고 느낀다. 삶의 낙을 술이나, 마약, 여자, 복권 등에서 찾는 사람이 있다. 그러나 이것은 잘못된 생각이다. 자신에 대한 당근은 오직 자신만이 줄 수 있다. 자신이 자신을 가장 잘 알기도 하고, 자신만이 쉬지 않고 자신에게 격려를 할 수 있으며, 자기 스스로가 진심으로 하는 격려만이 가장 큰 힘을 발휘하기 때문이다. 이 세상 모든 사람이 비난해도, 자기 자신을 믿으면 어떤 일이 있어도 흔들리지 않는다. 자신을 신뢰하지 못 하고 인정하지 못 하면 아무리 서울대를 나오고, 성형수술을 해도 만족할 수 없다. 그래서 어떤 일이 있어도 자기가 자기를 믿고 응원해주고, 동기부여를 해주어야 한다.

불안의 정도가 과도하다는 건, 그만큼 현실에서 재미를 느끼지 못 하고 있다는 말이다. 그것은 스스로에게 당근을 제대로 주지 않고 있으며, 오직 채찍만으로 자신을 때리고 있다는 말이다. 그래서 현실에 지치게 되고, 다른 것에 과도하게 몰입하게 된다. 원래 사람은 일이 되지 않으면 다른 것에 몰두하게 된다. 다른 것을 하면서 즐거움을 찾고, 그것으로 스트레스를 해소하는 것이다. 먹는 것도 대표적인 예이다. 먹는 것으로 스트레스를 해소하

 불안하다면

고, 그 결과 뚱뚱해지는 것이다. 야한 동영상이나 사진을 보면서 스트레스를 푸는 사람도 있다. 막혀 있던 욕구가 먹는 것과 성욕(性慾)으로 비집고 나오는 것이다. 과거 전두환의 철권통치 시절에는 유난히도 고속버스 터미널의 화장실 벽화에 포르노 그림들이 많았다. 왜 그랬을까? 철 마스크로 입을 틀어막고, 여러 규제로 팔다리를 묶어놓은 상황에서 스트레스가 많은 것이다. 화장실 벽화에다 '전두환 미친 놈'이라고 낙서를 하면 필체 감정을 해서 국정원에 끌려가 온갖 고문을 당하고 자칫 잘못하면 병신이 되어 나올 수도 있다. 그래서 제일 만만한 것이 포르노 그림이었던 것이다. 그러나 어느 정도 삶이 만족에 이르게 되면, 성적인 욕구로 스트레스를 풀지 않는다. 철학적인 사색과 성찰로 스트레스를 다스린다. 왜 그럴까? 성적인 욕구로 스트레스를 푸는 것은 약간 천박한 면이 있기 때문이다. 사색을 하고, 성찰을 하며, 올바른 삶이 무엇인가에 대한 진지한 고민을 하는 것이다. 그래서 삶을 올바른 방향으로 이끌고 가려고 탐구하고 연구한다. 삶 그 자체로써, 삶을 살아가는 즐거움으로써 삶의 문제를 해결하려고 한다. 왜냐하면 욕구는 상향 지향이기 때문이다. 즉 극심한 스트레스를 받으면 먹는 것이나 성욕으로 스트레스를 풀지만, 어느 정도 먹고 살 만하게 되면 자아실현의 욕구로 방향성이 바뀌게 되기 때문이다.

그런데 만약 지금 삶이 기초적인 욕구조차 만족이 안 된다면 어떻게 살아야 할까? 즉 먹고 사는 것에 대해 고민이 되고, 결혼도 하지 못 했다면 어떻게 살아야 할까? 이럴 때는 스트레스를 대개 먹는 것이나 성욕으로 풀게 된다. 이럴 때는 정신을 차려 최대한 철학적인 고민으로, 치열하게 삶을 사는 쪽으로 풀려고 의도적인 노력을 해야 한다. 그렇게 하지 않으면 이상한 방향으로 인생이 흘러가기 때문이다. 사람은 결핍이 되는 부분에 대해 크게 갈증을 경험하게 된다. 그래서 그쪽으로만 쏠리게 된다. 이성 친구를 만나게 되더라도 나에게 없는 부분을 찾는 경향이 뚜렷하다. 학력이 떨어지는 사람은 학력이 높은 사람을, 외모가 떨어지는 사람은 외모가 좋은 사람을 찾게 된다. 자신에게 무언가가 크게 부족하게 되면 그쪽으로만 집중하게 되는 경향이 모든 인간에게 있다. 따라서 특별한 주의를 해야 한다.

나는 지금 불안한 전업 작가의 삶을 살아가고 있고, 그래서 불안을 잘 안다. '그래, 한번 가보자!'고 했다가도, 이내 가혹한 현실의 모습을 보고선 흔들리는 것을 뜨겁게 경험했다. 얼마 전에는 대학 교직원 채용에도 응시했고 면접을 보기도 했다. 아르바이트를 하면서 일을 해야 하나를 고민하기도 했다. 현재도 많은 고민을 안고 있어서 인간의 1차적인 욕구가 만족되지 않는 삶에 대해서 잘 안다. 나는 극심한 스트레스에 사로잡힌 적도 있고, 복잡한 생각에 매우 힘든 적도 있었다. 그러나 지금은 그렇게 생각한다. '내가 열심히 살아가면 어떻게든 먹고 사는 문제는 해결될 것이다.' 이런 생각을 가지고 살아가고 있다. 이때 스트레스를 달래는 가장 좋은 방법은 무조건 일을 하는 것밖에 없다. 아는 사람들을 만나서 영화를 보기도 하고, 맛있는 음식을 먹기도 하며, 아무 의미 없이 보이지만 그냥 친구들과 떠들어보기도 하고, 미친 척하면서 그냥 길을 걷다가 마음에 드는 사람에게 말을 건네 보기도 하는 것이다. 그리고 다시 제자리로 돌아와 본래의 마음으로 진득하게 일을 하는 것이 중요하다. 나는 그런 자세로 내 흔들림을 잡았다. 내가 이런 고민의 한가운데 있어보았고 직접 경험을 통해 문제를 해결했기에 이 방법이 옳다고 자신있게 말할 수 있다. 다양한 방법으로 스트레스를 날려버릴 시간을 3~4일 정도 가진 뒤, 다시 본래의 페이스로 돌아와, 정말 열심히 일을 하면 되는 것이다. '내가 열심히 하면 어떻게든 길은 열리게 된다'는 원론적인 믿음을 가지고 최선을 다하면 된다. 나는 이렇게 불안의 한가운데서 삶에 대한 원초적인 고민을 해결했고, 평상심을 갖게 되었다.

잘 살든 못 살든 중요한 것은 스스로에게 당근을 주면서 삶이 재미있어야 한다는 것이다. 삶이 재미 없으면 최악이다. 아무리 가난하더라도 삶의 재미는 만들 수 있다. 그것은 의지의 문제이지, 돈의 문제가 아니다. 꼭 해외여행을 가야 되는 것은 아니다.

돈이 없으면 근처의 수영장에 갈 수도 있고, 영화관에 가서 마음에 드는 영화를 볼 수도 있다. 삶이란 생각보다 어렵지 않다. 돈이 없다고 재미없게 살아야 한다는, 돈이 없기 때문에 스트레스를 받아야 한다는, 솔로이기 때문에 힘들게 살아야 한다는 고정관념은 버려야 한다. 삶이란 그런 것이 아니다. 진정으로 올바른 삶은 스스로 재미를 발견하고, 그것을 추구하는 삶이다. 그것은 찾아보면 얼마든지 가능하다. 나는 책을 쓰다가 쉬고 싶을 때는 그냥 잔다. 그리고 사우나에 가기도 한다. 어떨 때는 미친놈처럼 4시간 이상 걸어다니기도 한다. 그리고 유원지에 가서 야구공이 날아오면 배트로 치는 게임을 한다. 500원을 넣으면 공이 10개가 넘게 날아오므로 정말 만 원어치 정도 치고 나면, 땀이 날 정도다. 이렇게 치고 나서 콜라를 한두 잔 마시고, 배가 고프면 6,000원짜리 뼈다귀해장국 한 그릇 먹고, 집에 들어가서 샤워하고 잠을 자면 온 몸이 시원해지고 스트레스가 쫙 풀린다. 이렇게 해도 2만 원이면 충분하다. 즉 2만 원으로 유럽여행 그 이상의 효과를 보는 것이다. 찾아보면 놀 거리들이 많으며, 자신에게 맞는 놀 거리를 활용하면 된다.

또 시간이 나면 번화가를 걷거나 대형서점에 가기도 하며, 영화를 보기도 한다. 그러면 기분이 좋아진다. 날씨가 좋은 날은 새벽까지 혼자 호숫가에 앉아서 시를 읊기도 한다. 마치 미친놈처럼 내 마음 내키는 대로 사는 것인데, 이러면 기분이 매우 좋아진다. 한량도 이런 한량이 없다. 나는 이 세상에서 최고로 한가로운 사람이 되며, 진정한 자유를 온몸으로 맞이하게 된다. 그러면 다시 한 번 죽도록 노력해볼 에너지가 가득 차게 된다. 그리고는 한 3일 정도 밤샘을 한다. 미친 듯이 책을 쓰는 것이다. 물론 어떨 때는 조금씩 오랫동안 책을 쓰기도 한다. 그것은 내 마음이다. 잘 써지면 그냥 가는 것이고, 안 되면 조금 멈추는 것이다. 나는 그렇게 당근과 채찍을 주며 살고 있다. 물론 생활비를 벌어야 한다는, 저축을 해야 한다는, 몇 년 뒤에는 결혼을 해야 한다는 생각을 가지고 살고 있고, 그것이 내게는 강제성을 준다. 나는 책으로 큰 성공을 할 것이라고 기대는 하지 않지만(이런 기대를 하면 지친다) 사람들에게 도움을 주어야 한다는 생각을 갖고 있기에 한 권의 책을 쓸 때 완전히 미쳐서 집필한다. 그리고 막중한 의무감을 느낀다. 어쩌면 한 사람의 삶을 뒤바꿀 수도 있다고 믿기 때문이다. 그것이 내게는 무거운 강제성이자 희열로 다가온다.

삶이란 결국 해야 하는 일을 재미있게 하는 사람이 이기는 것이다. 누구나 일을 해야 한다. 아내는 아기를 낳고 키워야 하며, 남편은 열심히 돈을 벌어야 한다. 요즘은 맞벌이도 많이 하기 때문에 가사 분담도 해야 하고, 일도 프로답게 해야 한다. 하기 싫을 때도 많고, 회사 내에 잘못된 문화도 많다. 실제로 회사 내의 법적 문제는 일반 범죄보다 더 많은 실정이다. 그런데 우리는 이 일을 해야만 살아갈 수 있다. 의미를 떠나서, 1차적으로는 먹고 살아야 하기 때문이다. 그런데, 이것을 재미있게 하는 사람들이 있다. 일에 재미를 부여하고, 휴식에 재미를 부여해서 즐겁게 살아가는 사람들이 있다. 우리들 대부분은 그 일을 좋아서 선택했다기보다는 우연하게 선택한 경우가 80% 이상이다. 또 어쩔 수 없이 선택한 경우도 80% 이상이다. 그러나 그 일 속에서도 진정한 프로가 나온다. 어쩌다 하게 된 일이지만, 어쩔 수 없이 하게 된 일이지만, 그 일을 자신의 운명이자 천직(天職)이라고 여기고 최선을 다한 결과, 그 일에 재미를 느끼게 되고, 일도 잘 하게 된 것이다.

실제로 진정한 프로들은 이런 사람들이 대부분이다. 일을 좋아하거나 적성에 맞아서 선택하는 사람은 거의 없고, 젊은 나이에 무엇을 좋아하는지도 정확히 모르는 경우가 많으며, 어쩌다 혹은 어쩔 수 없이 그 일을 하게 된 경우가 절대 다수이기 때문이다. 그러나 그렇게 일을 하게 되었으면서도 일에 재미를 느끼고, 최고의 성과를 내며 일을 하는 사람들이 있다. 그 사람들은 이기는 삶을 살고 있는 것이다. 왜냐하면 재미없는 일을 재미있는 일로 바꾼 사람들이고, 인생을 항상 밝고 긍정적으로 살아가는 사람이며, 무엇보다도 평범한 일상 속에서 행복을 느끼며 사는 사람이기 때문이다.

언제나 삶은 재미있게 살아가야 한다. 어떤 흥분과 묘한 흥미가 있어야 한다. 그래야 지치지 않고 앞으로 전진할 수 있다. 과한 불안이 나를 감싸지 않고, 우울증이 오지 않으며, 죽고 싶다는 생각이 들지 않을 수 있다. 이런 즐거운 마음이어야 진정으로 좋은 결과가 나온다. 일에 내 마음의 상태가 반영되어 결과가 형성되기 때문이다. 결국은 마음이 평가하는 것이기 때문에 불행하고 힘든 마음의 냄새가 나면 고객이 불쾌해하고 돌아서게 된다. 따라서 항상 행복한 마음을 유지하는 것이 좋다. 무엇을 하든 행복해야 한다. 음식을 만들더라도 불쾌한 마음으로 하면 맛이 없다. 음악에 있어서도 악기와 연주자가 혼연일체가 될 때 연주자의 마음이 음악에 실린다. 음악을 진정으로 잘 구현하기 위해서는 완전히 미쳐서 연주해야 하는데, 그때 자신의 무의식이 자연스럽게 음악에 반영되기 때문이다.

사람들이 착각하는 것이 있다. 일이란 상품을 파는 것, 혹은 서비스를 파는 것이라고 생각하는 것이다. 그러나 일이란 궁극적으로는 행복을 파는 것이다. 자동차를 팔든, 커피를 팔든, 음악을 연주하든, 책을 쓰든, 책상을 만들든, 집을 짓든 사람의 기분을 좋게 만들 수 있어야 하고, 어떤 철학적 의미를 전달할 수 있어야 한다. 우리는 일도 행복을 파는 것이며, 삶도 행복하게 사는 것이 전부며, 이 세상 사람들도 궁극적으로 행복하게 살아야 한다고 생각해야 한다. 정치를 하는 사람들도 국민들의 행복을 우선적으

로 생각해야 한다. 불안이 우리를 잠식하면 그것은 잘못된 것이
다. 항상 행복해야 한다. 행복하기 위해선 당근이 필요하다. 그리
고 채찍도 밸런스를 맞추어야 한다. 그래서 중용을 이루어야 한
다. 지금 우리는 너무 일상에 스트레스를 받고 채찍만 때리고 있
으므로, 현재로서는 당근이 더 필요하다. 당근으로 중용적 삶을
살아야 하는 것이다.

 객관적인 기준이란
개에게나 줘버려라

불안이란 실체가 아니라 해석이다

세상에는 객관적인 상황이라는 것이 있다. 그러나 실제적으로 객관적이라는 것은 존재하기 어렵다. 예를 들어 지금 음악이 나오는 방에 있다고 해보자. 건강하다면 음악은 제대로 들릴 것이다. 그러나 너무 피곤하면, 그래서 옆으로 누워서 음악을 들으면 다르게 들린다. 같은 음악이라도 전혀 다른 느낌으로 다가온다. 약간 머리가 어질어질하기 때문에 멍하게 들리기도 하고, 뱅글뱅글 도는 머리와 음악이 섞여 마치 술을 과하게 먹은 상태가 되기도 한다. 귀에서 헛소리가 들리는 느낌이 들기도 한다. 즉 같은 음악을 들어도 내 몸의 상태에 따라 전혀 다르게 와 닿는 것이다. 이것은 다른 예에도 얼마든지 적용될 수 있다. 내 상황에 따라 전혀 다르게 세상이 인지되는 것이다. 즉 내가 부자일 때와 가난할 때 세상은 전혀 다르게 보인다. 내가 힘들면 세상 모든 사람들이 힘든 것 같다. 내 주위에 힘든 사람들만 모이기 때문에 다 그렇게 보인다. 내가 보는 것도 내가 피부로 느끼는 것도 항상 힘든 것이기 때문이다. 그러나 내가 몇 조 원을 가진 부자라면 세상은 전혀 다르게 느껴진다. 정말 편하게 살기 때문에 어려움을 느낄 틈이 거의 없다. 주위의 사람들도 엘리트만 있기 때문에 경기가 어렵다는 것을 느끼기 어렵다. 세상은 그런 것이다. 세상은 항상 내 감정이 이입(移入)되어 다르게 보인다. 내가 슬프면 지나가던 까마귀까지도 슬픈 것처럼 보이는 것이다. 그러나 내가 신나면 시내에서 구걸하고 있는 노숙자도 뭔가 모를 행복감에 젖어 있는 것처럼 보인다. 내가 그렇게 보는 눈을 지니고 있기 때문이다.

내 상태에 따라 세상이 전혀 다르게 보일 수 있다는 점을 명심하고 살아야 한다. 이 세상은 항상 똑같다. 과거나 지금이나 본질은 변하지 않았다. 왜냐하면 사람들의 본성이 바뀌지 않았기 때문이다. 그래서 역사서에 쓰여 있는 인간의 특성은 지금도 똑같이 나타난다. 과거의 역사적 사건들도 구체적인 현상으로서만 차이가 있지, 그 사건이 발생한 본질적 뿌리를 찾아 들어가면 그 시원(始原)은 하나임을 알게 된다. 세상은 변화가 없다는 말이다. 지금 내 눈앞에서 펼쳐지고 있는 구체적인 현상과 구체적인 사람은 바뀌지만, 그 현상이 무엇이건, 그 사람이 누구건 간에 다 똑같은 것이다. 세상은 똑같기 때문에 구체적인 현상에 따라서 일희일비(一喜一悲)해서도 안 되고, 세상을 안 좋게 볼 필요도 없다. 그렇다면 이런 결론을 내릴 수 있게 된다. 세상이 그대로라면 결국 나의 해석에 따라 세상의 모습이 보이게 되는 것이므로, 이것은 세상의 문제가 아니라 나의 문제가 된다. 무엇보다 중요한 것은 내가 세상을 받아들이고, 긍정적으로 해석하는 것이다. 세상은 변함이 없기 때문에 나의 해석 여부에 따라 색깔이 완전히 달라지기 때문이다. 우리들은 삶에 대해 긍정적인 관점을 지니고 살아야 한다. 모든 것을 있는 그대로 받아들이고, 그것을 긍정적으로 해석해서 내 인생에 힘을 주는 쪽으로 활용해야 한다. 그것이 비록 부정적인 감정을 초래하는 것이더라도 있는 그대로 받아들여야 한다. 만약 나를 따르던 사람들이 떠난다면, 사마천의 『사기』를 보면서 세상 사람들은 본래 그런 것이고, 사람들에게 더 많이 베풀겠다고 생각해야 한다. 선한 행동, 나를 발전으로 이끄는 행동을 선택해야 하는 것이다. 원망이 가득한 '부정적인 프레임'이 아니라, 긍정적인 프레임으로 바라보아야 한다. 그러면 이 세상은 100퍼센트 환한 빛을 내는 존재로 다가온다. 이 세상은 항상 그 자리에 그대로 서 있다. 항상 외투는 바꿔 입지만, 그 속살은 언제나 살색으로 같은 것이다. 그래서 그(녀)가 항상 옷을 바꿔 입는다고 해서, 말을 바꾼다고 해서 토라지고 화낼 것이 아니라, 그(녀)를 있는 그대로 받아들이고 사랑해야 한다. 그러면 그(녀)도 나를 사랑할 것이다. 그것이 세상의 본질이다.

　나는 원래 긍정적인 사람이었다. 그러나 부정적인 사람이기도 했다. 문제점을 찾아내고 그것을 고치는 것에서 즐거움과 보람을 느꼈기 때문이다. 항상 상황을 안 좋게 봄으로써 끊임없이 문제를 개선하며 희열을 느꼈다. 그러면서 뭔가 발전하는 느낌을 받았다. 그래서 기쁘고 행복했다. 그러다 부정적인 감정은 결국은 문제를 일으킨다는 것을 발견했다. 그래서 결국은 자기 파멸적으로 이르게 하기 때문이다. 삶이란 행복하게 사는 것이 중요하고, 무엇보다 상황을 긍정적으로 해석하는 것이 중요하다는 것을 알게 되었다. 그렇게 해석해도 얼마든지 잘 살아갈 수 있기 때문이다. 물론 문제는 항상 있기 마련이지만, 정신을 차리면 얼마든지 보이고 제거할 수 있기에 염려는 없다. 자신에게 해를 미치는 데도 가만히 있는 사람은 없기 때문이다.

　긍정적으로 살면 가장 좋은 점은 어떤 문제, 위기가 와도 흔들리지 않는다는 것이다. 모두 자신이 극복할 수 있다는 믿음이 있기 때문이다. 예를 들어 아무개에게 전화를 걸어야 하는데, 마침 나의 핸드폰이 고장이 난 것이다. 그때는 이렇게 생각할 수 있다. '지금 전화하면 무슨 문제가 생길 것이므로 하늘이 전화기를 고장나게 했구나. 정말 감사한 일이구나.' 이런 생각을 하는 사람은 강하다. 모든 일에 긍정하고, 스트레스를 받지 않으며, 일에 순수하게 몰입하기 때문이다. 그리고 항상 행복하기 때문이다. 행복하면 모두 이긴 것이다.

물론 상황을 무작정 긍정만 하는 사람은 위험하다. 노력은 제대로 하지 않기 때문이다. 객관적인 대비는 하지 않고 긍정만 하면 결국 지치게 된다. 상황의 변화가 되지 않기 때문이다. 그래서 어느 정도 부정적인 감정은 필요하다. 그래야 객관적인 대비를 할 수 있다. 이 세상은 긍정만 하면 술술 풀리는 만만한 곳이 아니다. 어느 정도의 비판과 검증도 필요하고, 객관적이고 합리적인 분석도 반드시 필요하다. 그래야 일이 되기 때문이다. 사람만 좋아서 모든 상황을 긍정적으로 보게 되면 악한 사람들과 좋지 않은 상황들에 휩쓸려 죽고 만다. 사람에 대한 경계, 비판적으로 대안을 준비하는 태도는 언제나 필요하다. 그런 노력이 결국 삶을 바꾸어나가기 때문이다. 그렇다면, 긍정적인 태도는 무엇인가? 상황에 대해서 객관적이고 합리적인 준비와 노력은 하되 항상 잘 될 것이고, 세상은 내 편이라는 긍정적인 자세를 가지는 것이라고 할 수 있다. 객관적이고 합리적인 노력과 긍정적인 태도는 중용적으로 조화를 이루어야 한다. 즉 큰 틀에서는 긍정을 지니고, 세부적으로는 합리적인 노력을 해나가는 것이다. 이것은 부정적으로 노력을 하는 사람과는 많이 다르다. 세상을 부정적으로 보는 사람은 자신을 파괴적인 감정으로 이끌고, 결국 불행을 느끼며 살도록 만든다. 자신은 결국 안 될 것이라는 결론을 도출

한다. 큰 틀에서 이런 생각을 가지면, 어떤 노력을 해도 힘을 받지 못한다. 자신이 노력에 대한 확신을 하지 못 하기 때문에, 진정한 혼(魂)이 담기지 않고, 진정한 노력도 진행되지 않으며, 결정적으로 사람들에게 감동을 주지 못 한다. 사람을 움직이기 위해서는 가슴을 움직여야 하는데, 가슴은 논리나 이성이 아니라 감동으로 움직인다. 부정적인 태도에서는 감동이 나오지 않는다. 그래서 사람들이 참여를 하지 않는 것이다.

내가 못 살기 때문에 행복할 수 없을 것이라는, 마음은 이제 버려야 한다. 가난하기 때문에 오히려 좁은 집에서 함께 살을 붙이고 가족들끼리 지냄으로써 더 돈독해지는 것이 아니겠는가? 가난하기 때문에 하나를 가질 때마다 깊은 감사함을 느끼는 것이 아니겠는가? 중요한 것은 불평을 하면 끝이 없다는 사실이다. 불평은 시간이 지나면 부끄러운 기억으로 남는다. 모든 상황을 긍정적으로 보는 힘이 절대적으로 필요하다. 그 힘이 바로 인문학적인 힘이며, 인생을 지탱하는 힘이다. 내게 한국사를 강의하시는 전한길 선생님은 특별한 분이다. 대학 등록금 4년 전액을 후원하셨고, 생활비까지 부담하셨다. 그리고 수억 원이 드는 영국 유학까지 지원하겠다고 약속을 하셨던 분이다. 나의 가능성과 비전을 믿고, 과감하게 지원을 해주셨던 것인데, 지금 생각해봐도 역시 대단한 분이라는 생각이 든다.

전한길 선생님을 모시고 삼랑진에 있는 나의 본가(本家)를 방문한 적이 있었다. 내가 선생님의 회사에서 일할 때였는데, 그때 선생님은 나와 평생 함께할 생각을 하셨던 것이다. 그래서 나의 장래를 완전히 책임지겠다는 이야기를 할아버지, 할머니께 하려고 삼랑진으로 함께 내려가게 된 것이다. 그때 우리 집은 초라했다. 나는 부끄러움을 무릅쓰고 선생님께 "집이 누추해도 이해해주세요."라고 말했다. 선생님은 내게 진지하게 그런 말씀을 하셨다. "상민아, 그런 말은 하는 것이 아니다." 전한길 선생님은 나를 진심으로 위해주셨다. 그 속에서 나는 많은 것을 느낄 수 있었다.

가난은 결코 부끄러움이 아니고, 상처도 아니며, 내가 당당하면 그것으로 오히려 아름다운 것이 될 수 있다는 것을……. 우리는 자존감으로 살아간다. 그리고 자신에 대한 믿음으로 살아간다. 가난해도 당당하다면 재벌 못지않은 자존감으로 살아갈 수 있고, 강남 아파트에 살아도 자존감이 없다면 수준이 낮은 삶을 살아가게 된다. 그래서 온갖 범죄를 저지르고 끝내는 감옥에까지 가게 되는 것이다. 중요한 것은 긍정적으로 보는 힘이고, 자신을 믿는 힘이며, 자존감을 가지고 세상을 힘차게 살아가는 것이다. 그것은 삶에서 매우 중요하다. 세상을 아름답게 본다는 것 역시 자신의 삶에 대해 강한 긍정을 한다는 의미이다.

우리는 최선을 다해서 살아가야 한다. 그러나 그에 못지않게 세상을 밝게 보려는 태도가 중요하다. 항상 큰 틀에서 나는 성공할 수 있다, 나는 최고의 위치에 오를 것이다, 나는 이 세상을 크게 변화시킬 것이다, 이 세상은 아름답고 살아갈 가치가 차고 넘치는 곳이다, 세상은 나의 노력으로 변화될 것이라고 생각하며 살아야 한다. 결국은 그런 자세가 삶을 올바르게 이끌고 가기 때문이다. 나의 행복을 결정짓기 때문이다. 우리는 세상을 보는 긍정의 프레임을 갖추어야 한다. 그런 눈을 갖춘 뒤에 치열하게 노력함으로써 응전해야 한다. 그래서 구체적인 결실을 맺고, 희망을 일구어나가야 한다. 세상을 보는 긍정의 눈이 있고, 최선을 다하는 실행이 뒷받침된다면 이 세상에 불안해할 일이 도대체 무엇이 란 말인가!

16 월 100만 원을 벌어도 불안하지 않을 수 있다

불안은 마음의 장난이다

나는 손이 덜덜덜 떨릴 정도로 미래가 불안한 체험을 했다. 물론 실제로 떨었다는 이야기는 아니다. 나는 그렇게 약하지 않다. 나는 투지가 있으며, 한 번 하겠다고 한 일은 죽어도 하는 사람이다. 그리고 끝내는 결과를 보는 사람이다. 죽으면 죽었지, 쉽게 포기하는 스타일이 아니다. 그러나 한 번은 손이 덜덜덜 떨릴 정도로 불안하다는 취지의 글을 쓴 적이 있다. 물론 책이 아니라, 평소에 나 혼자 쓰는 글에서였다. 나는 밤에 잠을 이룰 수 없었다. 그러면서 불안에 대해 탐구했고, 내 미래에 대해 깊이 파고들었다. 그러면서 해결책을 찾을 수 있었다. 해결책은 간단했다. 객관적이고 합리적인 노력을 죽도록 하는 것이다. 몸이 부서질 때까지 노력하는 것이다. 절대로 양보하지 않는 것이다. 사나이 대장부로서 한다면 하는 것이고, 끝장을 보는 것이다. 나약한 소리나, 우는 소리는 결코 용납하지 않는 엄격함으로 일관하는 것이다. 그러면서 동시에 완전히 마음을 비우는 것이다. 왜냐하면 욕심을 부려도 현실은 달라지지 않고, 그 결과 완전히 미쳐버릴 것 같은 체험을 했기 때문이다. 실제로 나는 죽고 싶다는 생각까지 했다. 그러면서 죽음에 대해서도 깊은 연구를 했다. 인간의 고통에 대해서도 파고들었다. 그러면서 해결책을 찾아냈다. 결국은 마음을 비우되, 최선의 노력을 다해야 한다는 것이다. 할수 있는 데까지 해야 하고, 몸이 부서지는 고통마저 감내해야 한다는 것이다. 그리고 이 세상에 대해 어떤 욕심을 완전히 버리는 것이다. 스님이나 신부님처럼 욕심을 완전히 버리고, 어떤 수양을 하기 위해서 산다고 생각하는 것이다. 실제로 마음을 비우지 않으면 조바심 때문에 병이 나기 때문이다. 강박관념으로 괴로워지고, 결국 우울증이 와서 자칫 잘못하면 모든 것을 버리는 선택마저 할 수 있다. 그래서 완전히 버려야 한다. 이것은 행복하게 살기 위해서다. 나아가 모든 것을 얻기 위해서다. 마음을 비우면 온전한 집중을 할 수 있기 때문에 더 나은 결과가 나온다. 마음을 비우면 모든 것이 덤으로 여겨져 감사함을 가질 수 있기 때문에 또 다른 행복을 경험한다. 또 나 하고 싶은 대로 하는 것이 늘어나기 때문에 만족감이 커진다. 삶에서의 재미와 즐거움을 추구하기 때문에 삶의 소소한 만족이 늘어난다. 그리고 나를 위해서

가 아니라 남을 위해서, 이 세상을 위해서 무언가를 한다는 생각
이 강해지기 때문에 보람과 희열도 커진다. 자신은 초라한 점퍼
를 입고 있어도 남에게 무언가를 줄 때 사람은 이 세상의 모든 것
을 얻은 것과 같은 기분을 느낀다. 수백억대의 재벌이더라도 돈
을 벌기 위해서 이런저런 이상한 일을 하면 숨어서 지내야 한다.
밖에 나타나면 온갖 욕을 먹는다. 그러면 살맛이 나지 않을 것이
다. 지금 우리나라에는 그런 부자들이 많다.

한 달에 100만 원을 벌면 분명 불안하다. 불안하지 않다면 비
정상이다. 그러나 생각을 달리 가져야 한다. 결코 불안해하지 않
겠다고 말이다. 나는 큰 틀에서 선비처럼 사는 삶이 좋다고 생각
한다. 그래야 흔들리지 않는 삶을 살 수 있기 때문이다. 자, 한번
생각해보자. 그대는 왜 부자가 되려고 하는가? 왜 돈을 많이 가
지려고 하는가? 그 이유를 분명히 따져보자. 우리가 부자가 되려
고 하는 이유는 일을 하지 않기 위해서는 아니다. 그저 좀 더 넓
은 집, 좀 더 큰 차를 위해서다. 그것이 개인적으로 부자가 되려
는 이유의 거의 전부다. 그 다음은 기부를 하는 것이다. 그렇다
고 한다면, 사실상 우리가 돈을 많이 벌려고 하는 이유가 너무나
도 웃기고, 별 것 아니라는 것을 알게 된다. 예를 들어 300억 원
의 돈이 있다고 해보자. 이 돈 가지고 무엇을 하겠는가? 좋은 곳
에 집을 짓고, 좋은 차를 타고 다니고, 맛있는 음식을 먹는 정도

아닐까? 가끔 여행을 다니기는 하겠지만, 1년 내내 다니지는 않을 것이다. 1년 내내 여행을 다니려면, 한비야처럼 엄청난 열정을 지녀야 하는데, 엄청난 뜨거움이 없으면 도저히 불가능한 일이다. 집 떠나면 고생이라는 말처럼 여행은 결코 쉬운 일이 아니다. 세계여행기를 담은 수많은 책들을 읽어보면 그것을 알게 되는데, 여행은 생각보다 좋지만도 않고, 지금 우리가 일상에서 겪고 있는 어려움들이 그 속에도 고스란히 있다. 특히 인도에 가면 온갖 더러움과 불친절함, 득실거리는 사기꾼과 깡패들을 만나게 된다. 자칫 돈도 뺏길 수 있고, 잘못하면 목숨을 잃을 수 있다. 항상 좋은 것은 이 세상에 존재하지 않는다. 유럽이나 미국, 일본으로 가면 좀 더 고급스러운 사기꾼들이 있고, 좀 더 깔끔한 형태의 어려움이 존재할 뿐, 그 본질은 달라지지 않는다. 100여 권 이상의 여행 책에서 그것은 공통적으로 드러난다. 그리고 그것이 인간의 변하지 않는 본질임을 깊이 깨닫게 된다. 자, 다시 본론으로 돌아가자. 돈이 많아도 생활은 달라지지 않는다. 나는 1년 동안 얼마를 벌었다느니, 돈이 얼마나 많느니라고 자랑하는 사람들을 보면 한심하다는 생각이 든다. 자신이 '돈의 노예'임을 자랑하고 있는 것이다. 그런 것은 자신만 조용히 누리면 된다. 그리고 남은 돈이 있으면 다른 사람을 도우면 된다. 많이 가지지 못한 사람들에게 자랑을 하면서 그 사람의 화를 돋우거나, 삶의 불평을 심어주거나, 혹은 돈을 더 가져야지라는 마음을 심어줄 필요는 없다.

 불안하다면

돈 자랑하는 사람보다 불쌍한 사람은 이 세상에 없고, 상대방의
월급을 묻는 것보다 더 큰 실례는 없다.

우리가 부자가 되려는 이유는 고작해야 의식주의 해결이고, 좀
더 고급스럽게 살려는 것일 뿐이다. 그 이상은 사실상 많이 가질
이유가 없는 것이다. 그 돈으로 무엇을 하겠는가? 무슨 탱크나
F-16을 구입할 것도 아니지 않는가? 전쟁을 일으킬 것은 아니지
않는가? 도박을 할 것도 아니지 않는가? 술집에서 여자들과 놀
기 위해서도 아니지 않는가? 그렇다면 도대체 어디에 필요할까?
그토록 돈을 많이 벌려는 이유가 무엇인지 정확히 그 실체를 밝
혀보자. 그 실체는 의외로 간단하고 단순하다. 의식주를 좀 더 고
급스럽게 하려는 것일 뿐이다. 만일 아들, 딸이 있다면 먹고 살
수 있을 정도의 돈만 주면 되는 것이고, 나머지는 좋은 곳에 쓰는
것이 많은 사람들을 살리는 길이다. 그것이 돈을 버는 궁극의 이
유이고 목적이다.

우리들은 삶의 실체를 정확히 파악해야 한다. 그리고 돈을 버
는 목적도 정확히 알아야 한다. 우리가 돈의 노예가 된다면, 그것
은 돈을 버는 목적을 모르고 있는 것과 같다. 우리는 그저 의식주
를 좀 더 고급스럽게 하고 싶을 뿐이다. 그리고 나머지는 기부하
는 데 쓰면 되는 데 무슨 걱정을 할 필요가 있는가? 일을 하면 월
급이 나오고, 만약 나오지 않는다면 상대방에게 인간적으로 호소

하면 된다. 따뜻한 인간의 심장을 가진 사람이라면 올바르게 행동한다. 만약 그렇게 하지 않는다면 그때에는 법적으로 처리하면 된다. 그러니, 삶을 걱정할 필요는 없다. 돈의 노예가 될 필요가 없다. 그리고 돈이 많다는 이유로 온갖 잘난 체를 하고, 경제적으로 가난한 사람들을 무시하고, 돈을 많이 버는 것만이 삶의 유일한 목적인 양 말하는 사람에게 오히려 "불쌍한 인생을 산 당신"이라고 말해야 한다. 그것이 옳은 것이기 때문이다.

음식도 그렇다. 먹을 수 있는 양보다 더 많이 먹으면 비만이 된다. 한의학계와 의학계는 이구동성으로 소식(小食)이 좋다고 강력히 주장한다. 즉 음식을 취하는 욕망을 줄이면 줄일수록 무병장수(無病長壽)한다는 것이다. 실제로 세상의 모든 일이 다 그렇다. 이성을 만날 때는 미(美)에서 눈을 떼면 뗄수록 더 편안해진다. 돈도 그렇다. 돈을 벌려고 하지 말고 오히려 편안하게 돈을 대하면 일이 더 잘 되고 더 좋은 결과를 낳게 된다. 그리고 만약 좋지 않은 결과가 나오더라도 심리적으로 흔들리지 않고 평소에 하던 대로 열심히 일하면 된다. 급격하게 좋아하고 실망하는 마음으로 사는 것이 아니라, 잔잔한 호수와 같은 상태로 살아가면 된다. 물론 작은 돌멩이들이 날아들 때는 잔잔한 파동이 생긴다. 그러나 곧 평온의 상태로 돌아간다. 큰 틀에서 평온을 견지하고 있기 때문이다. 사람은 그런 자세로 살아가야 한다. 그래야 평온할 수 있다.

그렇다면 월 100만 원을 버는 현재의 상황이라면 어떻게 살아야 할까? 이것을 어떻게 해석해야 할까? 얼마 전 한 슈퍼마켓에서 물을 샀다. 근처의 대형 마트가 아니라 슈퍼마켓에서 몇 번 구매를 했는데, 슈퍼마켓 아주머니의 표정이 좋지 않았다. 수입이 좋지 않았기 때문이었다. 여쭈어보니 물건을 팔아도 10%가 남지 않는다고 한다. 그리고 주위 1Km 내에 대형 마트가 2개나 있다고 했다. 그러니 표정이 안 좋을 수밖에 없고, 걱정이 될 수밖에 없는 것이다. 나는 솔직히 그 아주머니를 보면서 마음이 아팠다. 결국 돈이 없으면 불행할 수밖에 없고, 살 가치도 없는 것이고, 결국에는 희망도, 삶의 의미도, 삶의 존재 이유도 없이 최악의 삶을 살아야 하는 것인가를 고민해보았다.

나는 이런 결론을 내릴 수 있었다. "지금 100만 원을 번다면 먹고 살 수 있으니 된 것이다. 그렇다면 생활문제를 해결할 수 있으니 앞으로 나가면 된다. 그리고 상황을 반전시킬 수 있는 고민을 해야만 한다. 일단 생각이 모아지면 실행해보아야 한다. 그러면서 변화가 될 수 있는 길을 만들어야 한다. 상황이 힘들다고 실망하면서 그 상황에 안주하고 있을 것이 아니라, 목숨을 걸고 노력해야 한다. 그래서 어떻게든지 상황을 변화시키도록 한다. 실제로 어떤 일이든 목숨을 걸고 하면 파문(波紋)이 생기기 때문이다. 미래에 대한 강력한 희망으로 치열하게 노력하면 된다. 돈에 대한 욕심은 버린다. 생활비만 벌면 된다고 생각한다. 생활은 해야 하기 때문이다. 생활비에 있어서는 강제성을 부여해야 하고, 그 강제성에 있어서만큼은 양보를 해선 안 된다. 가장 최악인 것은 '앞으로 잘 되겠지.'라고 막연히 생각하거나, '나중에 열심히 해야지.'라고 생각하는 것이다. 즉 생각만 하고 있거나, 노력을 계속 다음으로 미루는 것이다. 노력하는 것이 힘드니까, 아니 정확히 말하면 목숨을 걸고 피터지게 하는 노력이 힘드니까 계속 미루는 것이다. 상황을 변화시키지 않고 수수방관만 하고 상황이 변하지 않으니까 더욱 더 스트레스를 받으며 사는 것이다. 이런 삶이 최악이다. 지금 힘들다면 자신의 모든 것을 던져야 한다. 그래서 상황을 반전시켜야 한다. 지금 못 하면 다음에도 못 한다. 젊은 지금 못 하는데 나이 들면 더 못 하는 것이 당연한 것 아닌가? 지금은 체력도 더 좋고, 머리도 더 잘 돌아가며, 열정도 있는 것 아닌가? 나의 할아버지는 80대 때 그런 말씀을 하셨다. '내가 75세 정도만 되어도 사업을 했을 것이다. 그러나 지금은 내가 늙었지 않느냐.' 이 말은 할아버지가 가난한 집안 상황을 두고 내게 한 말이었다. 지금은 반전시킬 수 있는 나이가 아니라는 말씀이셨던 것이다. 지금 해야 한다. 나이 들면 더 못 한다. 앞으로 할 것이라고 하지 말고, 지금 죽도록 해야 한다. 몸이 부서지도록 해야 한다. 양보란 해선 안 된다. 일을 하다가 죽더라도 그래야 한다. 죽으면 죽음을 당당하게 맞이하면 되는 것이다. 나는 잘 때 완전히 죽은 것처럼 잠에 든다. 일어나면 이불이 흠뻑 젖어 있을 때도 있다. 땀을 엄청나게 흘리는 것이다. 미친 듯이 집필하고 나면 기진 맥진한다. 나는 그런 상태에서 책을 보고, 고민을 하고, 집필을 한다. 그렇게 목숨을 걸면서 하고 있다. 죽음을 각오했다. 지금 목숨을 걸고 어려움을 돌파하는 경험을 만들어내지 못 하면, 그래서 일련의 패턴을 만들어내지 못 하면, 나중에도 못 할 것이라는 것을 알기 때문이다. 고민만 하고 있을 것이 아니라, 지금 당장 해야 한다. 그래야 파문이 생기고 변화가 일어난다. 그래야 달라진다.

삶이란 모두 하기 나름이다. 지금 100만 원을 번다면 마음가짐을 바꾸어라. 나는 할 수 있다는 마음을 가져라. 그리고 용기를 가지고 목숨을 걸어라. 그러면 반드시 변화가 생긴다. 1년 내로 생긴다. 1년 내에 반드시 결과를 만들어야 한다. 남들이 볼 때는 초라할 수도 있다. 연봉으로 보면, 어떤 변화의 양으로 보면 그럴 수도 있다. 그래도 괜찮다. 내 인생 자체로 보면 엄청난 발전이고, 그 발전이 시발점이 되어 인생이 불꽃처럼 불탈 테니까! 노력해야 한다. 진하게 노력하고, 또 노력해야 한다. 그러면 달라진다. 그리고 지금은 생활비만 벌면 된다고 생각하면 된다. 실제로 먹고 살기만 하면 되기 때문이다. 실제로 그렇지 않은가? 부자가 되어도 먹고 사는 것을 개선시키는 외에는 하는 일이 거의 없다. 실제로 부자가 되려는 것도 그 때문인데, 별 것이 아니라는 점을 알고, 지금 먹고 살 수 있으면 감사하게 여기고 나아가면 된다. 그러면서 열심히 하는 것을 놓지 않으면 반드시 인생의 변화는 일어난다. 그러면 인생은 달라진다. 그렇게 하면 된다. 돈이란 먹고 살 수만 있으면 되는 것이고, 집은 따뜻하고 시원하게 잠을 잘 수 있으면 되며, 옷도 깔끔하고 단정하게 입을 수 있으면 된다. 지금 차가 없다면 버스나 지하철을 이용하면 된다.

사람들의 인생에서 가장 큰 문제가 무엇인 줄 아는가? 분수는 되지 않으면서 욕망만 앞서는 것이다. 그것은 갖가지 문제를 초래하는데, 그 중 하나가 바로 소비다. 예를 들어 사업을 하더라도 지금은 그것을 감당할 역량이 안 되면서 마음만 앞서 초기투자 비용을 많이 들여서 창업을 하는 것이다. 그러면 틀림없이 망한다. 망하는 사업가들 중에 초기투자 비용을 적게 들인 사람은 거의 없다. 모두들 시설투자비, 광고비, 인건비 등에 10억 원 가까이 투자하고, 1~2년 내에 회수를 못해 망하는 수순을 밟는다. 그것은 가정에도 똑같이 적용된다. 집과 차가 바로 그것이다. 감당할 수도 없으면서 일단 넓은 집으로 이사를 간다. 그래서 은행에 빚을 내고 막대한 이자를 지불한다. 혹은 임대인에게 막대한 월세를 지불한다. 월 소득이 350만 원이면서 집의 임대료로 200만 원을 지불하는 것이 도대체 제정신인가? 그리고 차량도 마찬가지다. 신입사원이 차를 끌고 다니면 돈 모으는 것은 물 건너간 일이다. 1년에 차량유지비는 최소한으로 잡아도 500만 원 가까이 들며, 차타고 돌아다니는 것을 좋아한다면 1년에 1,000만 원은 기본으로 나간다. 기름값은 당연한 것이고, 거기에다가 점검비, 수리비, 보험료 등이 추가된다. 계속 점검 받아야 하고, 꾸준한 관심이 필요하다. 그것은 초기투자비용을 많이 들여 화려한 인테리어에 많은 종업원을 고용한 초짜 창업자가 망하는 것과 같다. 완전 폭삭 망한다. 집도 돈이 없으면 이슬만 가릴 수 있는 곳에서 살아야 한다.

지구촌의 금융위기도 본질은 이 욕망 때문이다. 쓸 수 있는 여력이 안 되는데도 계속해서 은행에서 돈 빌려서 쓰고, 나중에 갚을 길이 없으니 망하는 것이다. 부동산이나 토지 혹은 주식을 구입하고, 그것들의 가격을 한껏 올려놓았는데, 그것을 구매할 여력이 있는 사람들이 사라지자 가격이 폭락한 것이다. 모두가 그릇된 욕망에 도취되어 사회의 전 구성원이 이 광란의 파티에 참여하여 욕망을 극대화한 결과로 빚어진 참상(慘狀)이다. 인간의 광기(狂氣)는 그릇된 욕망에서 발생된 경우가 많았다. 핵무기, 환경오염, 빈부격차도 모두 욕망에서 빚어진 것으로, 이성(理性)이 마비된 행동이다.

월 소득 100만 원을 이야기하면서, 많은 이야기를 했다. 결론은 100만 원이 지금은 먹고 살 수 있는 선이라는 것이다. 생활비에 대한 포기는 어떤 일이 있어도 하면 안 된다. 노동을 했으면 인건비는 무조건 받아야 하고, 대표이사가 지불을 하지 않으면 한 소리를 해야 하며, 필요하면 법률로 사장의 따귀를 때려야 한다. 왜냐하면 최소한의 생활은 해야 하기 때문이다. 그리고 큰 틀에서 마음을 완전히 비우고 살아야 한다. 부자가 되어 무엇을 누리겠다거나, 남들이 무시한다고 화를 내거나, 우울해하거나, 주변 사람들이 잘 사는 것을 부러워하거나 해선 안 된다. 열심히 사는 그 자체에 의의를 두어야 한다. 그리고 궁극적으로 이 세상의 모든 사람들에게 모든 것을 돌리고 가기 위해서 산다고 생각해야 한다. 그래야 흔들리지 않고 살 수 있고, 나아가 진정으로 올바른 삶을 살아가게 된다. 언제나 인간다움을 지니게 되고, 일을 하더라도 순수하고 아름다운 영혼을 담아내며, 삶 자체를 하나의 시(詩)처럼 살게 된다. 우리는 그런 삶을 살아야 한다. 한 번뿐인 삶이기 때문이다.

삶이란 아름다워야 하고, 어떠한 후회도 남지 않아야 한다. 그래서 무엇이 올바른 삶인가에 대한 고민을 깊이 해야 한다. 그것은 자신을 완전히 버리는 것에 있다. 이 세상을 마치 성자(聖者)처럼 사는 것이다. 그러면서 순수한 마음을 가지고 그저 열심히 살아가는 것에서 모든 의의를 찾고, 그 속에서 다른 사람들에게 모든 좋은 것을 다 돌리고 살면 된다. 그러면 내 마음의 평온도 저절로 찾아오고, 행복도 찾아오며, 궁극적으로 먹고 사는 문제 즉 부자가 되어 의식주 문제를 좋게 하겠다는 것도 궁극적으로는 해결되는 것이다. 즉 이 세상의 모든 것을 얻게 되는 것이다. 부자란 별 것이 아니다. 내가 행복하고 남에게 손 벌리지 않고 먹고 살 수 있으면 되는 것이다. 꼭 돈이 많아야 부자는 아니다. 그 속에서 소중한 가치를 잃어버린다면 돈은 오히려 의미가 없다. 지금 우리나라에는 불쌍한 수백억대의 부자들이 너무 많다. 나는 오히려 그들이 실패자라고 생각한다. 소박한 행복을 누리며 사는 사람들이 오히려 진정한 부자라고 생각한다.

불안이란 자신이 지니고 살기에는 너무 위협적이고
괴로운 경험, 감정, 충동 등을 억압한 결과이다.

− 지그문트 프로이드 −

17 멋대로 살 때, 원하는 것을 얻을 수 있다

참는 것은 불안을 부채질한다

사람은 사는 것이 즐거워야 한다. 재미가 있다는 것이 가장 중요하다. 짜증나는 기분을 없애는 데 주력해야 한다. 만약 없앨 수 없으면 피해야 하고, 도망가야 한다. 그리고 화가 나면 화를 내야 한다. 물론 절제된 상태로 화를 내면 더 좋겠지만, 그것이 여의치 않다면 절제되지 않은 상태로 화를 내도 좋다. 상대방의 기분을 걸레로 만들더라도 그래야 할 때는 그래야 한다. 그래야 사람이 홧병이 나지 않는다. 그래야 스트레스를 묵혀두지 않게 된다. 할 말 다 하고 사는 삶의 묘미는 살아 본 사람만이 안다. 하고 싶은 말을 하지 못 하고 사는 기분은 당해 본 사람만이 안다. 하고 싶은 말을 하지 못 하면 병이 난다. 죽는다. 왜 "임금님 귀는 당나귀 귀"라는 말이 나왔는지 아는가? "하고 싶은 말을 하며 살아라.”는 삶의 본질을 이야기하기 위해서 나온 것이다. 삶이란 본질적으로 그래야 한다. 자신의 마음을 숨기고 살면 병난다. 짜증나면 짜증난다고 말해야 한다. 그래서 짜증을 풀어야 한다. 두더지게임을 하면서 두더지를 마구 패도 좋다. 진정한 과격함은 사람은 온유하게 만든다. 극(極)과 극(極)은 통한다. 진정한 무도인은 높은 가치를 지향한다. 덕(德)이 있고 인간미가 있다. 의리가 있고, 사람을 안다. 수준 낮은 무도인은 폭력을 쓰고 말도 거칠다. 아직 무도가 영글지 않은 탓이다. 최고 수준의 무도에 이르면 인간의 도(道)를 알게 된다. 모든 것의 최고에는 도(道)가 있기 때문이다. 어떤 일이든 아주 열심히 해서 최고의 경지에 이르게 되면, 그렇게 되는 과정에서 많은 배움을 얻게 되기 때문이다.

할 말을 다 하고 사는 사람은 건강하다. 씩씩하다. 얼굴이 밝다. 이런 사람은 체질적으로 포커페이스가 맞지 않는 사람이기도 하다. 그래서 가면을 쓰고는 살지 못 한다. 싫은 것은 싫다고 하고, 옳은 것은 옳다고 한다. 어쩌면 이런 사람은 조직생활에는 맞지 않는지도 모른다. 왜냐하면 할 말 안 할 말 다 하기 때문이다. 그러나 이런 사람은 자신의 목소리를 충실하게 따르고, 진정으로 옳은 가치를 추구해 가기 때문에 자신의 세계를 만들고, 궁극적으로 제대로 된 삶을 살아간다. 진정으로 옳은 것을 추구하기 때문에, 처음에는 주변 사람들도 싫어하지만, 시간이 지나면 진면

목을 알아보게 된다. 그래서 리더가 된다. 그런 리더들은 전 세계적으로 많다. 하고 싶은 말을 하며 산 사람들 중에는 잭 웰치가 있다. 그는 매우 직설적이었는데, 사원 때부터 그랬다. 주변에서 말조심 하라고 충고를 많이 했고, 때로는 경고를 듣기도 했다. 그러나 그는 자기 하고 싶은 말을 하며 살았다. 상대방이 듣기 좋아하든 싫어하든 해야 할 말은 무조건 했다. 그래서 회사를 변화시켰다. 자신의 마음에 쌓아둔 말이 없음으로 해서 건강한 삶을 살수 있었다. 부동산 재벌 도널드 트럼프도 솔직한 삶을 살고 있는데, 할 말은 다 하는 편이다. 격의가 없고 자기 마음을 그대로 드러내며 사는 것이다. 그는 지금 차기 미국 대통령 후보군으로 분류되는데 앞으로도 그는 자기 마음대로 살아갈 것이다. 대통령이 되든 되지 않든 자기 마음이 행복한 삶을 말이다.

잭 웰치나 도널드 트럼프는 돈도 많고, 성격도 괴팍한 면이 있으며, 조금 차가운 이미지도 있기 때문에 부적절한 예가 될 수도 있겠다. 그렇다면, 우리들의 삶을 살펴보도록 하자. 가령, 결혼을 했다고 해보자. 직장생활은 하고 맞벌이를 하고 있다고 해보자. 그럴 때 어떤 삶이 건강하고 행복할까? 한 사람은 회사에서 계속 눈치만 보며 살고 있고, 가정에서도 항상 좋은 아빠, 좋은 엄마로 연기하며 살고 있다. 이 삶이 과연 건강할까? 행복이 있을까? 회사 내에서도 계속 상대방을 생각하느라 답답하고 힘들 것이다. 진정한 자기 자신을 잃어버릴 수도 있다. 언제나 타인을 기준으로 움직이느라, 자신의 목소리가 있는지도 망각하며 사는 것이다. 그리고 가정에서도 힘듦을 고백하지 못 하기 때문에 마음에 병이 생기는 것이다. 언제나 완벽한 아빠, 고상한 엄마로 기억되기 위해 자기를 드러내지 못하는 것이다. 화가 나더라도 표현을 하지 않으니 마음에는 스트레스가 점점 쌓인다. 마음이 불행하니 우울증이 오는 것이다. 그래서 결국 극단적인 선택을 할 수도 있는 것이고, 거기까지 가지 않더라도 계속 힘든 삶을 살아갈 수밖에 없다. 그것보다는 이런 삶이 더 좋지 않을까? 회사에서도 솔직하게 사는 것이다. 상사에게도, 동료에게도, 사장에게도 솔직한 자세로 살아가는 것이다. 그러면서 적극적으로 살고, 자기 생각을 강력하게 밀어붙이면서 살아가는 것이다. 물론, 노력은 필수다. 실력이 없으면서 자기 마음대로 하면 회사에 큰 피해를 주고, 결국 인정도 못 받는다. 죽기 살기로 일해야 한다. 그러면서 실력을 쌓고, 자기 마음에 정직한 삶을 살아야 한다. 마음이 살아 있는 삶을 살아야 한다. 가령, 회사에 필요한 내용이라면 상사에게도 대표에게도 적극적으로 이야기를 하는 것이다. 이러면 속이 시원하지 않을까? 그리고 인간관계의 문제가 있더라도 솔직하게 풀어가는 자세가 바람직하다. 물론 해결되지 않는 사람도 있다. 그러면 무시하면 된다. 그리고 가정 내에서도 솔직하게 사는 것이다. 어리광도 부리고, 장난도 치는 것이다. 격의를 없애고, 터놓고 대화하며, 화가 나면 그때그때 이야기를 함으로써 푸는 것이다. 그것은 부부 간이 될 수도 있고, 자식과 부모 간이 될 수도 있다. 지금 자식들에게 문제가 있는 것도 부모들에게 문제를 터놓지 않아서 그런 것인데, 그것은 부모가 대화를 할 수 있는 상황을 평소에 만들지 않았기 때문이다. 그런 것도 평소에 마음대로 하면서 살면 다 해결된다. 문제가 있을 때 이야기하는 것이 아니라, 평소에 어떤 이야기든 격의 없이 할 수 있도록 만들어야 한다. 자식이 부모에게 야동을 시청하는 것이 옳은가를 물어보고 부모도 격의 없이 대답할 수 있다면 이 얼마나 편한 가정인가? 이런 가정이 되어야, 학교폭력에 대한 이야기도 부담 없이 할 수 있게 되고, 자식의 삶에 대해서도 강요하지 않으며, 자식의 이야기를 존중할 수 있는 유연한 부모가 된다. 그리고 이런 생각을 가진 부모는 자신의 삶도 잘 살아간다. 하고 싶은 일을 하면서 사는 것이다. 회사생활을 하다가 짜증이 나면 그만두고 시골로 간다. 그래서 참외 농사를 짓는 것이다. 흙을 밟고 산다. 물론 귀농생활에 적응하려면 힘은 들 것이다. 그러나 본래 시골생활이라는 것이 마음이 편하고, 환경이 좋아서 행복해진다. 그리고 자신이 원해서 한 것이므로 확신도 있다. 그리고 이웃들과도 마음 편하게 어울리기 때문에 정말 편하다. 무언가를 자랑하는 것이 아니라, 서로 편하게 어울려 살기 때문에 정말 좋다. 따라서 귀농에서 많은 것을 얻게 된다. 함께 모여서 밥 해먹고, 밤에 한 번씩 다른 집에 놀러가는 삶인 것이다. 그런 생활을 하다가 다시 한 번 도시로 가서 새로운 도전을 해볼 수도 있다. 이런 삶은 건강하다. 자신의 가슴이 내는 소리를 들어주는 삶이기 때문이다. 이런 삶은 스트레스가 쌓일 틈이 없다. 그래서 암이 올 틈도 없다. 참는 것이 없기 때문이다. 정말 화가 나면 길을 걷다가도 자기 혼자 화를 내면 된다. 산에 가서 고함을 치는 것이다. 그리고 일하기 싫으면 누워서 잠만 자는 것이다. 부부끼리도 돌직구로 이야기를 던지는 것이다. 그러면 상대방도 화가 나서 소리를 치겠지만, 그러면서 서로는 심리 치유를 하게 된다. 건전한 싸움은 좋다. 물론 치명적인 마음의 상처를 줄 수도 있다. 하지만 진실을 알게 함으로써 옳은 방향으로 찾아가는 효과가 있다. 즉 평소의 마음으로는 할 수 없었던 말을, 상대방의 진실을 그대로 이야기하는 것이다. 그러면 상대는 괴롭겠지만, 그 속에서 자신이 나아가야 할 방향을 알게 되는 것이다.

안 되면 산 속에 가서라도 임금님 귀는 당나귀 귀라고 말해야 한다. 그것이 내 삶을 건강하게 만든다. 어떤 경우에든 쌓아두면 안 된다. 풀어야 한다. 포커페이스는 건강한 삶이 아니다. 솔직하게 살아야 한다. 이렇게 살면 대부분은 암(癌)에 걸리지 않는다. 스트레스를 받지 않기 때문이다. 우리는 인생을 살고 싶은 대로 살아야 한다. 내 마음에 정직한 삶을 살아야 한다. '이건 정말 아

  불안하다면

닌데'라고 생각된다면 아닌 것이다. 그럼, 그것을 아니라고 말하고 거부해야 한다. 나는 무엇을 하든 참는 성격이다. 그러나 정말 아니라고 생각된다면 할 말을 한다. 그렇게 해서 안 좋게 매듭지어진 경우도 많지만, 나는 그 삶이 건강한 삶이라고 생각한다. 그렇게 살지 않으면 내 가슴은 죽고, 진정한 나 자신을 완전히 잃어버리기 때문이다. 나는 상대방의 꼭두각시가 아니다. 나는 다른 사람을 대신해서 사는 것이 아니다. 나는 인간 이상민으로 살고, 처음부터 마지막까지 이상민이다. 여러분도 그렇다. 여러분은 여러분 본인의 삶을 살아야 한다. 남의 삶을 살아선 안 되는 것이다. 그래서 정말 아니라면 아니라고 이야기를 해야 한다. 나는 내게 정직한 삶을 살아야 한다. 그래야 남에게도 정직할 수 있다. 이 세상의 모든 진실들은 자신에게 철저한 임상실험을 거친 후에야 나온다. 자기가 확신하지 못 하면 남도 설득시키지 못한다. 정직한 삶을 살아 본 사람만이 남에게도 조언해줄 수 있다.

바람직하고 건강한 삶은 절대 어려운 것이 아니다. 그것은 매우 단순한 것으로 초등학교만 나온 사람도 따라할 수 있는 것이다. 그것은 어린이의 삶으로 돌아가는 것이다. 하기 싫으면 싫다고 하고, 잘 되지 않으면 울어버리는 것이다. 얻고 싶다면 떼를 쓰는 것이다. 그리고 재미있다면 시원하게 웃는 것이다. 자신의 가슴을 날 것 그대로 드러내는 삶이 좋다. 어떤 마음의 어려움도 없는 삶을 살자. 그래야 결국 행복할 수 있다. 불안도 사라질 수 있다. 우리는 내 마음대로 사는 삶, 하고 싶은 말을 하며 사는 삶의 매력을 깨달아야 한다. 하고 싶은 대로 하면 모든 것을 얻게 된다는 진실을 깨닫고, 변화된 삶으로 나가자. 어쩌면 삶은 너무나 쉬운 건지도 모른다.

18 잘 해야 한다는 생각이 당신을 노예로 만든다

버림으로써 불안도 버릴 수 있다

무슨 일이든 지나치게 잘 하려고 하면 부담이 생긴다. 그래서 몸이 얼고 경직되게 된다. 그래서 본래의 능력조차 나오지 않게 된다. 분명 적당한 긴장감은 도움이 되지만 너무 지나치면 오히려 안 좋은 결과가 나온다. 무언가를 꼭 가져야 한다고 생각하는 순간 그 대상의 노예가 되고 말기 때문이다. 예를 들어 한 여자를 사랑한다고 해보자. 그런데 그 여자를 잃고 싶지 않다고 생각하는 순간, 그 여자의 노예가 된다. 그래서 그 여자가 시키는 것이라면 뭐든지 들어주게 되고, 끝내는 그것이 범죄라고 하더라도 들어주게 되는 것이다. 어떤 것을 꼭 가지려고 하는 순간, 인간은 범죄마저 합리화시킨다. 다른 사람의 목숨마저 하찮게 여기고 빼앗게 된다. 그때 인간은 이미 인간이 아니다. 동물 그 이하, 벌

레 그 이하로 전락해버린다. 바로 철저하게 자신을 빼앗긴, 노예가 되고 말기 때문이다. 우리들은 매년 대학 입학시험에서 실패해 자살하는 청소년들을 만나게 된다. 거의 매년 단골 뉴스로 등장한다. 서울대 입학이 삶의 모든 것이라고 생각한 결과 생기는 일이다. 서울대에 가지 않고도 얼마든지 잘 살아갈 수 있고, 인생에서 성공은 다양한 요소로 결정된다. 자기가 진정한 고민을 하고 자신을 찾아나가면, 최고의 삶을 살아갈 수 있고, 자신만의 독창적인 길을 반드시 만들 수 있다. 그런데도 서울대 입학이 전부라고 생각한 결과, 모든 것을 잃게 되는 것이다. 왜냐하면 서울대에 입학하지 않으면, 인간다운 삶을 살아갈 수 없다는 것을 진리로 믿기 때문이다. 그래서 노예가 되고, 끝내는 자살을 하게 된다. 예를 들어 입사시험을 친다고 해보자. 그 기업에 반드시 가야한다고 생각하면, 사람은 조바심이 생기고, 만약 그 기업에 못 들어가게 되면, 우울증에 걸린다. 그러나 내가 열심히 하면 얼마든지 좋은 삶을 살아갈 수 있다고 생각하는 사람은 중소기업에 들어가도 자신의 페이스대로 열심히 일한다. 결국 사장에게 인정받게 되고, 중소기업의 임원이 되고, 결국 창업을 하게 될 때 사장의 지원까지 받아 대기업 임원보다 더 나은 삶을 살게 될 수도 있다. 이 세상에 노벨상을 받고 말겠다고 생각하고 노벨상을 준비하며 산 사람은 아무도 없다. 최선을 다해 자신의 길만 걸었던 것이다. 그 결과 노벨상은 덤으로 얻은 것에 불과하다. 그냥 자신

  불안하다면

의 페이스대로 살았던 것이고, 자기가 하고 싶은 대로 살았을 뿐이다. 그들이 만약 노벨상에 목숨을 걸었다면 어떻게 되었을까? 아마도 조바심을 내다 자살하고 말았을 것이다. 어떤 것이든 그렇다. 그것에 대해 완전히 마음을 비우고, 그냥 자신의 페이스대로 살면 된다. 자기가 하고 싶은 대로 살면 된다. 결과에서 완전히 마음을 비우면 정말로 편안해진다. 좀 못 하면 어떤가? 2등이 되면, 3등이 되면 어떤가? 아니 꼴찌가 되면 어떤가? 세상이 바뀌면 꼴찌가 1등이 되는 것 아닌가? 전쟁이 터지면 장애인이 전쟁에 가지 않아 오히려 목숨을 지키는 것이 아닌가? 그냥 살고 싶은 대로 살면, 이 세상에서 받을 수 있는 복(福)은 모두 받게 되니, 전혀 실망할 필요가 없는 것이 삶이다.

살다 보면 결과에 대한 부담을 받는 경우가 있는데, 그것은 주변 환경 때문이다. 부모 혹은 아내, 자식들 때문이다. 그들에게 좋은 것을 해주어야 한다는 부담 때문이다. 부모님 보기에 부끄럽지 않은 삶을 살아야 하고, 부모님께 무언가를 해드리고 싶은 것이다. 아내가 닦달을 하거나, 아무런 불평을 하지 않더라도 아내에게 좋은 것을 해주고 싶고, 자식들을 남부럽지 않게 뒷바라지해주고 싶기 때문이다. 그래서 이 세상의 모든 어려움을 내 두 어깨로 짊어지고 싶은 것이다. 그들이 내 얼굴을 볼 때는 항상 웃고 있는 얼굴만 보여주고 싶은 것이다. 모두들 이렇게 살고 싶은 마음이 많을 것이다. 그리고 실제로 이렇게 사는 사람들이 대부분일 것이다. 나도 그런 생각들을 많이 해보았고, 그럴 때마다 엄청난 부담감을 느꼈다. 그러나 명심해야 할 것은, 우리들은 남을 위해서 사는 것이 아니라는 점이다. 가족을 위해서 살지 않는다는 것이다. 부모님을 위해서, 아내를 위해서, 자식을 위해서 사는 삶이 내 삶이 아니라는 것이다. 나는 나를 위해서 살고 있고, 나의 행복이 없이는 그 누구의 행복도 없다는 점이다. 물론 내 삶을 살면 모두에게 미안할 수 있다. 그러나 명심해야 한다. 내가 내 페이스대로 살아야 최고의 결과도 나온다는 것을 말이다. 내가 즐겁지 않고 마음이 불편하면 끝내는 우울증이 온다. 잘못하면 정신분열증이 올 수도 있다. 끝내는 파멸적 삶을 살게 될 수도 있다. 그러면 누가 가장 슬퍼할까? 바로 가족이다. 가장 자기다운 삶을 살 때, 가장 자기에게 정직한 삶을 살 때, 가장 자기가 행복한 삶을 살 때 최고의 결과를 만들어낼 수 있다. 그래서 가족에 대한 부담을 떨치고 자기 하고 싶은 대로 살아야 한다. 그래야 자기가 시도해보고 싶은 것을 마음대로 시도해볼 수 있고, 그런 시도 속에서 새로움과 가능성을 발견하게 되며, 그 속에서 진정한 자신을 만나 자신을 신화(神話)로 만들 수 있게 된다.

야구를 하든 축구를 하든 부담 없이 하는 것이 오히려 더 잘 된다. 축구선수 중에 황선홍 선수는 한국을 대표하는 스트라이커이다. 그는 최고였다. 그런데 월드컵에서 뻥 축구를 해서 온 국민들로부터 비난을 듣게 되었다. 월드컵 16강 진출에 대한 부담감이 너무 컸고, 그래서 골문 앞에서 너무 힘을 주고 공을 뻥뻥 차 승리를 날렸기 때문이다. 그는 분명 한국 최고의 스트라이커였고, 잘해보고자 했다. 아니, 너무 잘해보고자 했다. 결국 최고 키플레이어의 부담은 한국을 탈락하게 만들었다. 그는 자포자기하는 심정으로 일본 J리그로 갔다. 그때 그는 일본으로부터 환대를 받고 간 것이 아니었다. 거의 임시선수 취급을 받으며 갔다. 잠시 써보고 좋으면 쓰겠다는 조건까지 받아들이고 갔다. 일본에서 그는 자포자기하는 심정으로 축구를 했다. 완전히 부담을 버리고 축구를 했던 것이다. 될 대로 대로는 것이 솔직한 그의 심정이었다. 그랬더니 오히려 펄펄 날았다. 차는 족족 골이 들어갔던 것이다. 결과에 대한 부담을 버리니 본래의 실력이 제대로 발휘되었다. 결국 그는 그해 J리그의 득점왕이 되었다. 결과에 대한 부담을 버리니 차면 골이요, 설렁설렁해도 최고의 골잡이가 된 것이다. 어떤 일이든 부담을 버리면 오히려 더 잘할 수 있다. 무념무상으로 그 일에만 몰입했기 때문에 실력발휘가 된 것이다.

야구를 해도 그렇다. 부담이 있으면 공을 칠 때 힘이 들어간다. 그래서 오히려 타이밍을 놓치거나 뜬공이 된다. 대개 부담을 가지면 삼진 아웃을 당하는 경우가 많다. 안타라도 치고 나가겠다는 생각으로 배트를 짧게 잡고 치면 오히려 공을 잘 칠 수 있다. 그러나 홈런을 치겠다는 생각으로 타이밍보다 크게 휘두르는 것이 문제다. 히팅보다 파워에 집중을 하고 있기 때문이다. 투수의 공보다 자기 마음에 집중하고 있기 때문이다. 어떤 일이든 그렇다. 버리면 오히려 더 잘 보인다. 자기 자신이 잘났다고 생각해 자기주장을 하다가 실패한 후, 살아남기 위해서 상대방이 원하는 것만 들어주면 오히려 기회가 올 수 있다. 상대방이 원하는 것이 성공의 포인트이기 때문이다. 지금 보고 있는 모니터를 벗어나 시야를 돌려서 사방을 보면 온 세상이 들어온다. 더 나아가, 일에 대한 압박에서 벗어나 산 정상에 올라가 이 세상을 굽어보면 또 다른 세상이 들어온다. "쫓기면서 살 필요는 없다.", "여유를 가지고 살아야 한다.", "바로 한걸음 앞만 보며 살아야 한다.", "산은 속도가 아니라 옆을 보면서 재미를 느끼며 가야 한다."는 것 등을 느끼게 된다. 그러면서 본질에 이르게 된다. 나는 고등학교 시절 대구의 한 목욕탕(한양사우나)에서 야구선수 장효조 선수를 몇 번 보았다. 나는 그가 누군지 전혀 몰랐다. 어느 날 그가 나에게 먼저 말을 걸었다. 그래서 몇 마디를 나누었는데, 자기가 누군지 모르겠느냐고 했다. 그래서 모르겠다고 했더니, 지금 카운터에 가서 사람들한테 '타격의 달인'이 누구냐고 물어보라고 하면서, 자기가 장효조라고 했다. 그와는 이후에도 여러 차례 목욕탕에서 만나 이야기를 나누었다. 그는 내게 이런 이야기를 했다.

"네가 고등학교에서 전교 1등이라고? 그래도 안 된다. 네가 한 번 살아봐라. 이 세상에 마음대로 되는 건 하나도 없다. 네가 아무리 열심히 살아도 네 마음대로 되지 않는다. 그 점은 분명히 알고 살아야 한다." 나는 그 말을 듣고, 대수롭지 않게 생각하고 넘어갔다. 그러나 지금 생각해보면 "역시"라는 생각이 든다. 장효조, 그가 누구인가? 한국 최고의 타격 달인 아닌가? 안타 제조기 아닌가? 그런데도 그가 그런 말을 했다. 나는 그에게 물었다. "아무리 타격 달인이라도 안타를 못 칠 때가 있을 것 아니에요?" 그가 담담하게 대답했다. "안타를 못 친다고? 그럼 몸에 맞아서라도 나간다." 인상적인 말이었다. 그는 모든 면에서 그런 자세로 살았을 것이다. 실제로 그는 체격이 작았다. 그냥 보통 사람 정도였다. 아니 보통 사람보다 더 작은 듯했다. 그런데도 그는 최고였다. 최고의 경지에 오른 그가 "아무리 열심히 살아도 세상이 마음대로 되지 않는다. 그 점은 분명히 알아야 한다."고 했다. 그의 말은 '진실'이다.

우리는 마음을 비워야 한다. 열심히 한다고 되는 것이 아닐 수 있다는 진실을 받아들여야 한다. 노력한 만큼 성과가 나오지 않을 수 있는 것이다. 그리고 실력만큼 얻지 못할 수도 있다. 그렇기 때문에 부담을 가지고 살면 더 힘이 든다. 오히려 마음을 비우고 살면 더 나은 결과를 얻을 수 있다. 그리고 결과를 얻지 못 하더라도 평온할 수 있다. 우리는 악바리가 되어야 한다. 나도 그런 정신으로 살고 있다. 나는 아이큐가 낮았기 때문에 고등학교 때 내신 전교 1등을 할 때, 담임선생님은 내게 그런 말씀을 하셨다. "이상민, 정말 열심히 공부하는구나." 나는 노력파고, 악바리다. 그러나 결과에 대한 부담은 완전히 버리는 것이 현명하다는 것을 깨달았다. 마음을 비우고 최선을 다하는 삶이 아름답다.

끝으로 고(故) 장효조 선수의 명복을 빈다. 개인적으로 몇 번 더 만나고 싶었는데, 많이 아쉽다. 그리고 훌륭한 인생을 사시기를 빌었는데, 안타깝다. 우리들 모두 마음을 비우고 살았으면 한다. 결과에 대한 부담감을 버렸으면 한다. 그런 버림이, 궁극적으로 모든 것을 얻게 만들기 때문이다. 결실, 나아가 행복까지 얻게 하는 것이 바로 '버림'이다.

대개의 불안은
상상력이 만들어낸 유령이다

현실의 불안과 상상의 불안이 있다

현실은 힘들다. 참혹한 것들도 많다. 그러나 인간의 상상보다 더 큰 불안은 없다. 인간의 상상보다 더 힘든 일은 없다. 상상, 그 것이 가장 공포스럽고, 가장 참혹하다. 현실은 상상력의 반영이 기는 하지만, 상상력에 비한다면 세발의 피에 불과하다. 현실은 상상력의 상대가 안 된다. 그것은 초등학생과 대학생의 대결과 같다. 결국 우리가 불안해하는 것은 현실에서 펼쳐지는 것보다 는 한참 강도가 높은 것이다. 우리가 걱정하는 것들이 시간이 지 나 현실로 이루어지는 경우는 거의 없으며, 있다고 하더라도 생 각보다 심한 경우는 없다. 그리고 대부분은 현실에서 일어나지 않는다. 즉 혼자만의 걱정일 뿐이고, 자기 혼자 상상한 것에 불과 하다. 그것은 현실화되지 않았고, 현실화되더라도 충분히 극복할

잘되고 있는 것이다

정도의 어려움일 뿐이다. 그런데도 대부분의 사람들은 온갖 상상을 한다. 그러면서 불안을 구체화한다. 소설가가 되어 소설을 쓰는 것이다. 그럴 필요는 없다. 현실에서는 한참 강도가 낮은 형태로 나타나기 때문이다.

현실보다 강한 증거는 없다는 말이 있다. 현실은 강하다. 그리고 그것은 눈에 펼쳐진 것으로서 이미 나타나고 있다. 나타났다는 것이 중요하다. 우리는 현실을 존중해야 한다. 그리고 일어난 상황에 대처해야 한다. 그러나 지나친 걱정과 불안은 필요 없다. 단지 노력하면 되기 때문이다. 어차피 안 되는 것은 안 되는 것이다. 그것은 극복할 수 없는 것이다. 안 되는 상황이 되면 천하의 항우라도 질 수밖에 없다. 따라서 그럴 때는 가볍게 한발 물러서면 된다. 소나기가 오면 잠시 처마 밑에 서 있으면 된다. 그렇게 5분 정도 지난 뒤에 길을 나서면 된다. 소나기와 맞서 싸울 필요는 없다. 시대와 맞서 싸울 필요도 없다. 아니, 정확히 말하면 맞서 싸우면 죽는다. 모든 것을 잃는다. 그럴 때는 피해야 한다. 잠시 피한 뒤에 다시 가면 된다. 최선(最善)은 좋은 것이다. 그러나 최선이 실행되지 않을 때 차선(次善)이 좋은 것이다. 그것은 이보 전진을 위한 일보 후퇴로 지혜로운 것이다. 그래서 극복할 수 없을 때는 잠시 쉬었다 가면 된다. 그리고 대부분은 노력하면 된다. 노력해서 앞으로 전진하면 길은 만들어진다. 중요한 것은 평상심을 가지고 노력을 계속하는 것이다. 쉬지 않는 것이다.

우리는 끊임없이 내일을 걱정한다. 그래서 불안해한다. 그러면서 생각이 꼬리에 꼬리를 무는데, 그 생각들을 보면 무섭기 그지 없다. 도저히 극복할 수 없을 것만 같다. 주위의 모든 여건이 불안을 조장하고 있는 상황에서, 그 상황들을 계속 생각하고 있으면 미칠 것만 같다. 그래서 나는 나약해지고, 아무 것도 할 수 없을 것만 같은 무력감에 빠진다. 그러나 그것은 잘못된 것이다. 생각이 꼬리에 꼬리를 문다는 것은 이미 생각 속으로 깊이 빠져들었음을 의미한다. 생각 그 외의 것은 보지 못한다는 것이다. 그럴 때는 머리를 좌우로 한번 흔들어준 다음, 양 옆을 주시해보아야 한다. 그러면서 내가 아주 작은 것에 빠져 있다는 것을 깨달을 필요가 있다. 사랑에 깊이 빠지면 그 사람이 전부로 여겨지고, 헤어지게 되면 그 사람을 못 잊고 슬퍼하게 된다. 나는 이별을 경험한 이후 사실상 6개월 동안 아무것도 하지 못 했고, 그녀의 집을 찾아간 적도 있다. 그녀가 전부로 여겨졌기 때문이었다. 그러나 만나서 이야기를 나누어본 결과, 함께할 수 없는 현실을 확인할 수 있었다. 그러면서 고개를 양옆으로 흔들고 정신을 차리게 되었다. 그러면서 이 세상의 절반은 여자이고, 좋은 사람들이 너무나도 많음을 확인하게 되었다. 어떤 일에서도 이것은 동일하게 적용된다. 우리가 하는 일이 잘 되지 않아서 걱정에 걱정이 꼬리를 묻는다면, 머리를 흔들어야 한다. 그러면 전혀 다른 세상이 있다는 것을 확인할 수 있다. 만약 경제적 여건이 허락된다면 미국이나 일본 혹은 유럽을 한 번 다녀오는 것을 강력하게 권하고 싶다. 해외여행을 하고 나면 삶을 이렇게 살아서는 안 되겠다는 것을 강력하게 느낄 수 있기 때문이다. 정말 좋은 곳이 많이 있고, 인생의 길은 다양하며, 마음만 먹으면 환상적인 삶을 살아갈 수 있다는 것을 깨닫게 되기 때문이다. 그리고 필요하다면 해외에서 노숙을 하는 체험도 해보길 권하고 싶다. 그것도 겨울에 해보았으면 한다. 그러면 그 속에서 많은 것을 느끼게 된다. 빵 한 조각의 소중함, 생명의 소중함을 깨닫게 된다. 그리고 열심히 살아서 반드시 성공해야겠다는, 이 세상은 아무리 화려해도 내가 열심히 살지 않으면 초라할 수도 있다는 것을 깨닫게 된다. 나는 이것을 12월 도쿄 롯본기힐즈 근처에서 하룻밤 노숙을 하면서 깨닫게 되었다. 그때 깨달음은 내게 새로운 세상을 선물하였다. 별천지의 세상 속에서도 초라한 삶을 살아갈 수 있구나, 이 세상은 정말 넓구나, 세상의 가능성이란 내가 마음만 먹으면 열리구나, 이 아름다운 세상을 모두 보고 누리며 살아야겠구나 등을 느꼈는데, 그것은 결론적으로 열심히 살아야 한다는 것이었다. 그리고 직접 피부로 느껴보는 것이 정신적으로 충격을 주고, 그 충격은 내 몸에 오랫동안 각인되어 내 삶에 많은 영향을 준다는 것도 여행을 다녀온 후 강하게 느꼈다. 삶이 무기력하고 재미없고, 일상에 지칠 때는 해외여행을 적극적으로 권하고 싶다. 그리고 온 마음을 다해 그곳을 누리며 오기를 바란다. 마음에 드는 사람이 있다면 말도 건네고, 일반 여행자들과도 대화를 나누길 바란다. 말이 안 통해도 좋다. 대충 말해도 다 알아듣는다. 대화는 말이 아니라 마음으로 하는 것이기 때문이다. 그곳에서 모든 뜨거움을 경험하고 오기를 바란다. 그러면 이 세상이 전혀 다르게 보인다. 스트레스는 사라진다. 새로운 마음으로 이 세상을 살게 된다. 이 세상은 아름다운 것이므로, 인생이 너무 짧게 느껴지는 것이다. 마치 사랑하는 사람과 데이트하는 시간이 짧게 느껴지듯이.

건강한 인생은 끊임없이 변화하는 삶이다. 자신에게 지루할 틈을 주지 않는 삶이다. 끊임없이 자기 자신을 혁신하고 파괴하는 삶이다. 이런 삶이 건강하다. 왜 자기 자신을 혁신하고 나아가 파괴까지 해야 하는가? 그래야 자신의 깊숙한 곳에 있는 가능성을 흔들어 깨울 수 있기 때문이다. 그리고 단단한 껍질 속에 든 가능성을 꺼낼 수 있기 때문이다. 그래서 모든 것을 변화시켜야 한다. 일상의 패턴도 바꾸고, 휴식 방법도 바꾸어야 한다. 이건희 회장은 마누라 빼고 다 바꾸라는 말도 했다. 필요할 경우 산 속으로 들어가 스님의 생활을 할 수도 있다. 색다른 기분을 느껴보는 방법에는 성역이 없다. 스킨헤드로 돌아다녀보는 건 어떨까? 물에 지워지는 문신을 해보는 건 어떨까? 펑키 룩을 입어보는 건 어떨까? 집안 가구들의 위치를 바꾸어보는 건 어떨까? 벽지를 바꾸어보는 건 어떨까? 일하는 시간과 장소를 바꾸어보는 건 어떨까? 바다가 좋다면 바다 앞으로 가고, 산이 좋다면 산 속으로 이사를 가는 건 어떨까? 채식주의자가 되고 싶다면 채소만 하루 종일 먹는 건 어떨까? 여행을 하고 싶다면 지금 당장 가벼운 배낭만 들고 떠나보는 건 어떨까? 지하철이나 도서관에서 마음에 드는 사람을 만났다면 말을 건네 보는 건 어떨까? 문제를 해결하기 위해 책을 보는 건 어떨까? 쿨 하게 100만 원 정도 들고 근처에 있는 맛집을 섭렵해보는 건 어떨까? 제주도에서 혹은 도쿄에서 한 달간 머무는 건 어떨까? 점잖은 생활이 재미없다면? 화장실에 예쁜 여자의 사진을 붙여놓는 건 어떨까? 신선한 기분으로 살고 싶다면? 남태평양 사진을 구해서 온 방을 도배해보는 건 어떨까? 하늘을 날고 싶다면? 경비행기를 타러 지금 당장 가는 건 어떨까? 어릴 때처럼 방패연을 날리고 싶다면? 당장 문방구에 가서 연을 구입해 날려보는 건 어떨까? 변화를 시도하는 삶은 아름답다. 건강하다. 이런 삶에 불안은 없다. 인생은 한 편의 영화처럼 살아야 한다. 마치 시처럼 살아야 한다. 그렇게 아름다워야 한다. 그것이 자기 자신에 대한 진정한 예의다. 그것이 자기를 사랑하는 사람의 모습이다. 그런 삶을 살 때 자기도 행복하고, 자기가 행복해야 남도 행복해질 수 있다. 하루 종일 찡그리고 있는 사람을 보는 건 고문이다. 그것보다 큰 고문은 없다. 불안을 느낀다는 것은 어떤 문제가 나타난 것이다. 그럼 그것을 해결하면 된다. 만약 해결할 수 없다면 내버려두면 된다. 그리고 지금의 삶에 집중하면 된다. 힘들다면 쉬면 된다. 그리고 때때로 환경을 바꾸면 된다. 그러면 전혀 새로운 기분으로 열정적으로 일할 수 있게 된다.

잡생각이 모든 것을 망치고 있다는 생각이 든다면, 그런 자각이 온다면, 당장 생각하기를 멈추어야 한다. 생각을 하지 말아야 한다. 오직 행동만 하는 것이다. 그리고 좋은 기분으로 전환할 수 있는 다양한 시도를 해야 한다. 몸이 피곤하다면 먼저 잠을 자야 한다. 사우나에 가서 땀을 빼는 것도 좋다. 기분이 좋아지는 음식을 먹으면 된다. 비록 조금 비싸더라도 먹는 것이 스트레스를 해소하게 함으로써 결과적으로는 더 큰 이익이 된다. 가고 싶은 곳으로 여행을 가는 것도 좋다. 돈이 들어도 기분을 좋게 함으로써 더 일을 잘할 수 있게 하기 때문이다. 삶을 보다 더 잘살게 하고, 자신의 가능성을 새롭게 인식할 수 있게 하기 때문에 거대한 투자가 된다. 명심해야 한다. 상상보다 더 큰 고통, 불안, 어려움은 없다.

지금 이 순간에도 차는 열심히 길을 달리고 있다. 우리도 지금 이 순간 달리는 차처럼 우리가 가고자 하는 곳으로 열심히 달리고 있다. 그곳은 궁극적으로는 행복이다. 그것은 무언가를 얻기 위해 부담을 느끼는 것도, 무언가에 쫓기는 듯한 불안을 가지는 것도 아니다. 그것은 마치 신선(神仙)처럼 자유롭게 살기 위한 것이다. 우리가 왜 사는지를 정확히 인지해야 한다. 그러면 지나친 불안에 떠는 일은 그만두게 될 것이다. 삶을 잘 사는 방법은 단순하다. 마음을 비우고 그저 최선을 다하는 것에 의의를 두고 살면 되기 때문이다. 우리는 현실에 집중하되 현실을 멀리하는 자세로 살아가고, 즐겁고 재미있게 살아야 한다. 그러면 행복은 저절로 찾아온다. 행복은 갈구할 때 오는 것이 아니라 내 마음대로 살 때, 내 페이스대로 살 때, 나의 자유를 경험할 때 저절로 찾아오는 것이기 때문이다.

20 지나친 불안은 지나친 욕심에서 나온다

불안은 절제를 가르쳐준다

끝없이 불안한 당신이 정상이다. 불안이 삶의 본질이기 때문이다. 불안이 없다는 것은 이미 죽은 삶이다. 이미 끝장난 삶이다. 모든 위험을 막을 방패를 상실한 것과 같기 때문이다. 우리는 불안하기 때문에 열심히 살아간다. 그럼으로써 위험을 막고, 문제를 해결하며, 진정으로 좋은 방향으로 나아간다. 불안이 없다면 제대로 노력하지 않는다. 그렇게 되면 결국 문제가 생기고, 그 문제는 점점 더 커져간다. 돈을 많이 번 사람들은 오히려 그런 면에서 위험에 크게 노출된 셈이다. 지금도 모텔의 주차장에 가보면 고급 외제차들이 많은데, 주로 불륜을 저지르는 사람들이다. 돈이 많고 할 일이 없으니까 그런 일이나 하면서 시간을 보내는 것이다. 그런 삶은 곧 위기를 불러온다. 삶을 쾌락에 빠뜨림으로써 삶의 의미를 잃게 하고, 삶의 희망을 상실케 만든다. 결국 말초적 쾌락만이 삶의 존재 근거가 된다. 동물처럼 쾌락에는 반응하고, 불쾌에는 화를 내는 단순한 백치가 된다. 졸부(猝富)들 중에 그런 사람들이 많은데, 그런 삶은 삶이 아니다. 불안은 이런 삶을 절제시킨다. 적당한 긴장감으로 열심히 살아가도록 하고, 언제나 의미있는 삶을 살아가도록 이끈다. 따라서 불안을 지니고 있다는 것은 좋은 신호이고, 건강하다는 뜻이다. 항상 자신을 파멸의 길로 가지 않도록 하고, 쾌락의 늪에 빠지지 않도록 하며, 인간다운 길에서 벗어나지 않도록 하기 때문이다. 그래서 우리는 불안을 사랑해야 한다.

다만 지나친 불안은 문제가 된다. 왜냐하면 아무것도 하지 못하게 만들기 때문이다. 그 속에서만 빠져 정신 못 차리게 하고, 결과도 내지 못 하게 하고, 행동을 하지 못 하게 만들며, 궁극적으로 모든 것을 잃게 만든다. 그렇다면 지나친 불안은 어디에서 오는 것일까? 그것은 노력을 하지 않기 때문이거나, 과욕(過慾)을 부리는 것에서 온다. 노력을 하지 않으면 상황이 점점 꼬여간다. 그래서 불안이 증폭된다. 인간은 노력해야 한다. 노력하지 않으면 앞으로 나아가지 못 한다. 현상유지도 못 한다. 모두들 앞으로 나아가고 있기 때문이다. 그래서 노력을 삶의 규범으로 삼아야 한다. 또, 과욕(過慾)은 문제를 일으킨다. 과욕은 욕망에 모든 것을 거는 삶을 이끈다. 과욕은 이루어지지 않기 때문에 언제나 조바심에 빠지게 한다. 쫓기는 듯한 기분에 사는 것이다. 그리고 언제나 허기진 마음으로 살게 한다. 뭔가 부족하다는 느낌이 들기 때문에 다른 것으로 채우려고 한다. 일로 정면승부를 하면서 향상해 가는 것이 아니라 다른 쾌락들을 탐닉하는 것이다. 노는 것이나 성(性)적인 것, 자랑하는 것, 남들의 눈, 체면, 권력 등에 삶의 전부를 거는 것이다. 스스로 열심히 사는 것, 그 속에서 즐거움을 누리는 것이 삶에서 가장 중요한 것인데도, 그것을 완전히 놓치는 삶을 사는 것이다. 그래서 노력을 하는 것이 중요하고, 과욕을 줄이는 것이 필요하다.

그렇다면 노력은 어느 정도 하면서 살아야 할까? 노력은 많이 하면 좋은 것일까? 사람마다 노력도 정도(正道)가 다르다. 예를 들어 체력이 약한 사람은 오래 일하면 죽는다. 그 사람이 만약 하루 17시간씩 일하면 2~3달만 해도 병이 난다. 이 사람은 이렇게 못한다. 자기에게 맞지 않는 것은 아무리 노력해도 결과가 나오지 않는다. 자기에게 맞다는 느낌 정도는 있어야 한다. 최소한 그런 직감(直感)이 와야 한다. 무작정 열심히 하면 된다는 것은 잘못된 것이다. 또한 노력을 하더라도 재미가 없으면 안 된다. 재미없는데 억지로 하는 것만큼 화나는 일은 없다. 우리는 일하는 노예가 아니다. 학교 다닐 때야 억지로 다녔던 면이 있다. 그러나 성인이 된 입장에서는 억지로 무엇을 할 필요가 없다. 자신의 생활만 해결할 수 있다면 어떤 일이든 해도 되는 것이다. 물론 범죄는 빼고 말이다. 인생이란 본질적으로 자신이 하고 싶은 일을 해야 한다. 노력이란 본질적으로 자기에게 맞아야 한다. 자기의 체력, 적성, 흥미에 맞아야 한다. 만약 자기가 하루 15시간씩 일해도 거뜬하다면 하면 된다. 아무도 안 말린다. 젊을 때 이렇게 일할 수 있으면 그저 부러울 따름이다. 나도 매일 이렇게 일하고 싶다. 그러나 체력이 안 된다면 조금 물러나야 한다. 보통 하루 8시간을 근무하지만, 결과를 낸다는 전제가 있다면 하루 6시간 근무도, 5시간 근무도 좋은 것이다. 일을 양으로만 생각하는 건 구시대적인 발상이다. 결과를 낼 수 있다면 조금만 일해도 되는 것이다. 실제로 최고조로 집중해서 일을 하면 시간을 줄이더라도 최고의 결과가 나온다. 오히려 몸이 지친 상태에서 집중력을 발휘하지 못 하고 일하는 것이 시간만 잡아먹고 좋은 결과도 나오지 않는다. 또한 일은 자기의 적성에 맞아야 한다. 만약 나에게 UFC에 출전하라고 한다면 도저히 못 한다. 내가 아무리 훈련을 많이 하더라도 우승할 수 없다. 내게 안 맞으니까 능력 발휘도 안 되고, 몰입도 되지 않는다. 반대로 효도르에게 작가를 하라고 하면 안 된다. 그 사람은 1년내내 독서와 사색, 집필만 하는 생활을 할 수 없다. 적성에 맞지 않는 것이다. 적어도 그 일이 내게 맞다는 직감이 와야 한다. 만약 어떤 사람과 결혼하고 싶다면 적어도 내 사람이라는 직감이 와야 한다. 내 사람이라는 직감이 와야 미친 듯이 사랑할 수 있고, 확신을 가지고 미사일을 쏘듯이 사랑을 퍼부을 수 있다. 그야말로 활화산처럼 불타오르는 사랑을 할 수 있게 된다. 그런 느낌이 없으면 상대를 대하는 것이 고문이 되므로 무미건조해지고 짜증이 나고 밥도 같이 먹기 싫은 것이다. 일도 마찬가지다. 뜨거운 직감과 확신이 있어야 미친 듯이 퍼부을 수 있다. 무아지경으로 몰입하게 되고, 최고의 실력이 발휘된다. 그래야 최고가 될 수 있다. 또, 항상 흥미가 있어야 한다. 노력을 하더라도 재미를 잃지 않는 선에서 해야 하고, 만약 재미없다면 당장 때려치워야 한다. 공부가 안 되면 당장 책을 덮어야 한다. 인생이란 내 마음대로 살아야 하는 것으로, 내가 싫으면 싫은 것이다. 그래서 내가 책을 읽다가 아니라는 생각이 들면 찢어버릴 수도 있다. 내가 구입한 것이니까 그렇게 해도 범죄가 아니다. 일본의 야스쿠니 신사가 싫다고 해서 그곳에 다이너마이트를 설치하고 폭파시키면 안 된다. 그것은 내 것이 아니기 때문이다. 범죄가 된다. 어찌되었든 흥미가 있어야 한다. 일의 흥미를 잃으면서까지 노력한다는 것은 별로 의미가 없다. 재미없으면 당장 그만두고 쉬어야 하고, 놀이도 항상 재미를 우선해야 한다. 연인도 재미가 우선이다. 함께하면 뭔가 기분 좋은 느낌이 들어야 한다. 그런 기분 속에서 지내야 행복하다. 뭔가 아니라는 생각이 든다면 그 문제를 고쳐야 한다.

　욕심을 버린다는 것은 삶에서 가장 중요한 요소이다. 개인적인 욕심이 많으면 짐승이 된다. 욕심이 많은 사람은 다른 사람을 절대로 배려하지 않는다. 돈을 버는 일을 제외하고는 개돼지와 같이 행동한다. 그런 사람은 존경을 받지 못한다. 인간다운 냄새도 없기 때문에 무슨 문제가 생기면 바로 복수를 당하게 된다. 지금 우리 시대에 남아 있는 기와집들은 모두 명문가이다. 그 집이 아무리 작은 기와집이라도 그렇다. 왜 그럴까? 명문가와 비명문가의 차이는 전쟁이 났을 때 결정된다. 전쟁이 나면 법이고 뭐고 아무것도 없다. 그때는 오직 총과 칼만 있을 뿐이다. 내 편 네 편도 없다. 싫으면 무조건 죽여 버린다. 평소 감정이 좋지 않던 사람은 보호하지 않는다. 본인이 죽여 놓고도 전란 중에 죽었다고 말해버리면 된다. 실제로 전란이 나면 적이 와서 죽이고 집도 불태운다. 그러나 평소에 덕(德)을 쌓은 집은 이웃들이 나서서 구해준다. 목숨도 지켜주고, 집도 지켜준다. 그래서 집이 온전하게 남아 있게 된다. 실제로 한국의 명문가들은 대부분 그렇게 살아남았다. 다른 사람에게 덕을 베풀지 않은 집들은 대부분 전란 때 불타 사라지고 말았다. 그것은 지금도 마찬가지다. 돈 있고 힘 있는 사람들 앞에서는 억지웃음을 짓고 있지만, 전란이 터지면 그때는 인정사정 안 봐준다. 그것이 인간의 마음이고, 역사적으로 증명된 일이다. 욕심을 버리며 산다는 것은 무엇인가? 바로 다른 사람을 생각한다는 것이다. 다른 사람을 배려하고, 언제나 내 욕심

　　　　　　　　　　　　　　　　　　　　　불안하다면

보다 인간이 가야할 길을 고민한다는 것이다. 그러면 다른 사람들도 나를 위해 헌신한다. 전쟁이 나고 힘든 일이 있어도 사람들이 나를 위해서 나선다. 그것이 명문가를 만든 것이다.

그러고 보면 가장 큰 욕심이 욕심을 버리고자 하는 것이다. 즉 무욕(無慾)이 대욕인 것이다. 욕심을 버리면 이 세상의 모든 것을 얻을 수 있다. 다른 사람의 마음을 얻는 것은 물론, 내 마음의 평온, 행복, 나아가 먹고 사는 문제까지 저절로 해결된다. 그러면 불안은 당연히 사라지게 된다. 실제로 이런 마음을 가지게 되면 죽음마저 평화롭게 맞이할 수 있게 된다. 진정한 도인(道人)이 되는 것이다. 인간에게 가장 큰 재산은 무엇인가? 그것은 돈이 아니다. 그것은 바로 자신의 목숨이다. 목숨을 잃는 것은 가장 큰 것을 잃는 것이다. 그러나 진정한 도인은 자신이 죽는 것도 두려워하지 않는다. 불안은 없다. 평온하게 맞이한다. 그래서 진정한 도인에게는 죽음이 좋은 학습이 되고, 가르침이 된다. 그래서 스스로 말한다. "죽어보고 싶다." 왜 이런 말을 하는가? 도대체 죽음을 경험할 때 어떤 기분일까, 어떤 마음가짐으로 죽을 수 있을까, 그 죽음에서 어떤 가르침을 얻을 수 있을까가 궁금한 것이다. 실제로 우리는 욕심을 버리면 죽음마저 겸허하게 받아들일 수 있다. 따라서 좀 못 사는 것은 아무런 문제가 아니다. 결혼을 조금 늦게 하는 것에도 흔들리지 않는다. 중소기업에서 일하는 것도 부끄럽지 않다. 장애인이 되더라도 단지 조금 불편할 뿐이라고 생각한다. 이것은 진정으로 욕심을 버림으로써 얻게 되는 보석들이다. 이렇게 사는 사람은 지나친 불안으로 자신을 잃는 어리석음에 빠지지 않는다. 항상 자신의 페이스대로 평온하고 행복하게 산다.

욕심을 버리고 노력하는 것, 이것을 전부로 여기고 살아야 한다. 그러면 모든 것이 해결된다. 우리는 진정한 도인(道人)으로 이 세상을 살아가야 한다. 수양하는 자세로 살아가야 한다. 많은 사람들이 종교를 갖고 있다. 교회를 가거나, 절에 간다. 나는 제안하고 싶다. 진정한 종교적 수행을 직접 삶으로 실천하자고 말이다. 즉 종교에서 말하는 삶을 살자는 것이다. 그 첫 번째는 욕심을 버리는 것이다. 마음을 비우고 이웃을 위하는 것이다. 모든 것을 버릴 때, 진정으로 욕심을 버릴 때 사랑도 할 수 있고 용서도 할 수 있다. 자기 안의 편협한 욕심에 갇힐 때 사랑에 대가를 바라게 되고, 용서도 쉽게 나오지 않는다. 욕심을 버리고 최선을 다해서 노력하는 삶을 살면 종교인 그 이상의 삶을 살 수 있다. 진정한 수행자의 삶을 살게 되는 것이다. 이런 삶을 살면 진정한 도인이 되고, 철학자가 되고, 심리학자가 되고, 종교인이 된다. 나아가 진정한 성공을 거두는 사람이 된다. 삶이란 이론이 아니라 실재여야 한다. 말로만 그치는 것이 아니라 행동으로 옮겨 삶을

   불안하다면

변화시킬 수 있어야 한다. 글도 살아 있는 글이 되기 위해선 현실과 유리되어선 안 된다. 현실과 하나 되고, 현실을 변화시키며, 진정한 행복을 이끌어야 한다.

불안은 대체로 노력을 하지 않는 것, 과욕을 부리는 것에서 시작된다. 그런데 이것은 사기를 당할 때도 똑같이 적용된다. 사기를 당하는 사람의 가장 핵심적인 특징은 바로 공짜를 바란다는 것이다. 도저히 상식적으로는 있을 수 없는 것에 넘어가는 것이 사기를 당하는 사람들의 특징인데, 그것은 대개 쉽게 무언가를 얻으려고 하는 공짜 심보, 욕심만 가득 찬 심보에서 나온다. 그래서 진지한 노력을 견지하는 사람과 욕심을 버리며 사는 사람은 사기를 당하지 않는다. 사람은 언제나 열심히 살고, 공짜를 바라지 말아야 하며, 욕심을 버리며 살아야 한다. 돈을 벌 수 있는 것이라면 본인이 벌지 왜 내게 제안을 하겠으며, 그처럼 예쁜 미인이 왜 내게 아무런 이유도 없이 오겠으며, 대충 노력해서 얻을 수 있는 것이 이 세상 어디에 있단 말인가? 이 세상의 모든 진리들은 연결되어 있다. 그래서 최고에 이르게 되면 '하나의 이론'으로 모두를 꿰뚫는 경지에 이르게 된다. "욕심을 비우고 노력하는 것"도 같은 맥락이다. 이것은 삶의 전반을 꿰뚫는 진리이다. 이렇게 살면 행복도 얻게 되고, 불안하지 않게 되며, 스트레스도 사라진다. 사기도 당하지 않게 되고, 몸과 정신도 건강해진다. 이웃들과의 관계도 좋아지고, 존경과 신망도 저절로 얻는다. 죽고 나서도 사람들에게 도움을 줄 수 있는 삶을 산다. 그리고 비록 아무것도 얻지 못 하더라도 자존감을 가진 삶을 사는 것이다. 그래서 어떤 위치에 있더라도 당당하다.

최고로 멋진 삶이 이렇게 간단한 것이라니, 사실 싱겁다는 생각도 든다. 하나도 복잡하지 않고, 오히려 너무 단순하고 명쾌하다. 이 세상의 모든 것이 그렇다. 가장 좋은 것은 언제나 단순하고, 오히려 쉽다. 우리는 마음을 다르게 가지고 살면 된다. 마음이 달라지면 행동이 달라지고, 행동이 달라지면 인생이 달라진다. 불안은 마음으로 해결할 수 있다. 나아가 마음으로 인생마저 바꿀 수 있다. 그리고 마음으로 세상마저 바꿀 수 있다.

불안으로부터 도피하려 들면
당신은 결코 불안을 이해할 수 없을 것이다.
불안을 이해하지 못 하는 한 불안은 당신을 떠나지 않게 된다.

21 아무것도 안 하고 있어
더 불안한 것은 아닐까?

불안은 생각과 친하고, 행동과 멀다

불안해서 지금 아무것도 하지 못 하고 있는가? 어떻게 될지 몰라 계속 망설이고 있는가? 변수에 대한 확정적 평가를 내리지 못하고 있는가? 인생에서 확정할 수 있는 것은 없다. 그것이 무엇이든 변수는 있다. 그렇다면 그 변수를 모두 평가하면 될 것 아닌가? 그러나 변수를 모두 평가하더라도 어떻게 될지 모른다. 새로운 변수가 언제든 튀어나올 수 있기 때문이다. 예를 들어보자. 맞선에 나오는 상대방이란 정말 우연이 아닌가? 대학에서 캠퍼스 커플로 만나 결혼을 하게 된 것도 따지고 보면 엄청난 우연 아닌가? 실제로 대부분의 사람들은 5명 이내의 사람을 사귀고, 그들 중에서 결혼을 선택하게 된다고 하는데, 그것은 결혼이라는 것이 얼마나 큰 우연인지를 잘 보여준다. 우리가 만나는 사람은 철저

불안하다면

히 제한되어 있으며, 그 속에서 우리는 우연적인 선택을 할 뿐이다. 특히 처음 사람을 만나는 경우, 그 사람이 좋은 사람인지 아닌지를 전혀 알 수 없는 경우가 많다. 대부분은 첫인상 혹은 어떤 느낌으로 만나게 된다. 결혼이라는 인생의 중대사도 그렇다.

우리들에게 큰 영향을 미치는 직업의 경우도 대부분은 우연적 요소로 결정된다. 의사나 변호사와 같은 직업을 제외하고 대부분은 우연하게 직업을 선택한다. 어떤 기업, 어떤 부서에서 일할 것인지도 마찬가지다. 특히 처음에는 전혀 해보지도 않았고 할 생각도 없었지만, 회사에서 억지로 시켜서 했는데 열심히 하다 보니 잘하게 되었고, 그러다 보니 흥미가 붙고 높은 급여를 받게 되어 자신의 진정한 본업이 된 경우도 많다. 실제로 대부분의 사람들, 약 80퍼센트의 사람들은 본인의 직업을 우연하게 선택한다. 평소에 가지고 있던 생각을 가지고 하는 경우도 있고, 해보니 재미가 있고 가능성이 있어서 자신의 직업으로 결정한 경우도 있다. 이보다 더 큰 우연이 어디 있는가? 실제로 사업에 성공하는 경우를 보더라도 직감(直感)으로 결정한 경우가 많다. 소프트뱅크의 손정의는 사진 한 장을 보고 자신의 직업을 결정했다. 스티브 잡스도 잡지에서 본 "인문학과 과학기술의 교차점"에서 영감을 얻어서 자신의 진로를 결정한 경우이다. 대부분의 사람들은 그렇다. 내가 출간한 『일자리 전쟁』이라는 책의 경우 대우증권 부사장이신 홍성국 선생님이 추천사를 써주셨다. 나는 처음 홍성국 선생님이 집필한 『디플레이션 속으로』라는 책을 보며 엄청난 충격을 받았다. 그래서 10번 정도 꼼꼼하게 정독하고, 요약본을 만들기도 했다. 나는 홍성국 선생님이 인간적으로 궁금해서 각종 신문기사와 동영상 자료를 보며 존경하고 있었다. 그러던 중 신문기사를 보고 신문사에 연락을 취해 선생님의 연락처를 알게 되었고, 메일 한 통을 보내 만남이 이루어졌다. 이후에도 계속 연락을 주고받으며, 사소한 질문부터 나의 안부까지 전하곤 했다. 결국 추천사까지 받게 된 것이다. 추천사를 받겠다는 생각은 전혀 없었고, 그저 연락을 한 번 해보고 싶다는 생각에서 시작된 행동이 결국 만남과 소중한 인연으로까지 이어진 것이다. 이렇듯 우연으로 인연이 만들어졌다. 이 세상의 모든 일이 다 그렇다. 대부분은 우연이다. 그래서 해보기 전에는 모르는 것이 너무 많다. 계산만으로는 도저히 맞출 수가 없다. 점쟁이도 미래는 모른다. 아무리 계산을 잘하는 수학자도 금융상품의 위험을 막지 못했다. 인간은 한계 투성이고, 이 세상은 마음대로 되지 않으며, 변수가 너무 많은 것이 세상이다.

나는 원래 대학을 다닐 수 없었다. 가정형편이 어려웠기 때문이다. 그래서 나는 19살이던 대학 1학년 때 7급 공무원 시험을 치려고 했다. 그런데 공무원 학원에서 19살은 응시할 수 없다는 이야기를 들었다. 그래서 잠시 보류해야겠다고 생각하고 있다가, 사법시험을 치면 되겠다고 생각을 바꾸었다. 그러다가 학원에서 강의를 하고 있던 전한길 선생님께 대학에 합격했으므로 감사의 인사를 전하고 싶었다. 물론 전한길 선생님께만 인사를 했던 것은 아니고, 다른 학원의 선생님들 모두 일일이 인사를 했다. 그러면서 감사함을 전했다. 그러나 선생님은 당시 최고의 인기강사여서 인사를 할 틈이 없었다. 결국 저녁 10시가 넘어서 학원 강의가 끝났다. 나는 학원에서 4시간 넘게 기다렸다. 기다리다가 지루해서 학원에 들어가 도강(盜講)을 하기도 했다. 수업을 마치고 선생님께 인사를 드렸다. 연구실에 가서 이런저런 이야기를 하게 되었고, 그러면서 가정 사정을 이야기하게 되었는데 선생님께서 대학 4년 등록금과 생활비 전액을 약속하셨다.

나는 후원을 받으러 간 것이 절대 아니었다. 상상도 못했다. 그러나 우연하게 선생님께 집안 사정과 나의 비전을 이야기하게 되었고, 선생님은 나를 믿고 그 자리에서 후원을 하겠다고 말씀하셨다. 그래서 나는 계속 대학을 다닐 수 있었다. 이런 기적 같은 우연은 선생님께 감사의 인사를 드리러 가야지 하는 단순한 생각에서 시작되었다. 4시간 넘게 기다리고 인사를 했을 뿐이다. 그리고 우연히 집안 이야기를 했을 뿐이었다. 그런데 후원이 이루어진 것이다. 이런 경우는 다른 사람의 사례를 보더라도 숱하게 많다. 무언가를 기대해서 움직인 것이 아니라 그냥 열심히 하다가 보니까, 도와주는 사람을 만나게 되고, 성공하게 된 것이다.
그런 경우는 정말로 많다.

삶은 우연이다. 필연을 가장한 우연이 인생이고, 우리는 그것
을 필연이라고 믿을 뿐이다. 필연은 없다. 필연이라고 볼 수는 있
지만, 그것은 단지 무슨 일이든 적극적으로 하다 보니까 만나게
된 기회들이다. 그런 순간들이 인생을 구성한다. 그래서 불안하
다면 그냥 나서면 된다. 대학을 못 갈 것 같으면 안 가면 된다고
생각하고 살면 된다. 그러다 보면 오히려 더 좋은 기회를 만나게
된다. 예를 들어 고등학교만 졸업하고 곧바로 취업을 하거나 공
무원이 될 수 있는 것이다. 그리고 나처럼 우연한 계기로 후원자
를 만나게 될 수도 있다. 그래서 나는 기회가 되는 대로 움직이려
고 한다. 무슨 일이든 열심히 하려고 한다. 그러면 무엇이든 연결
될 수 있다는 것을 체험했기 때문이다.

우리는 현실을 인정하면서 살아야 한다. 지금 안 된다면 아무
일이나 해야 한다. 어떻게든 생활은 해야 하기 때문이다. 월세를
지불해야 하고, 세금을 내야 한다. 따라서 일을 해야 한다. 여의
치 않다면 아무 일이나 하고, 기숙사가 있는 곳으로 일을 하러 가
야 한다. 그러면 그 속에서 또 다른 세계가 펼쳐지고, 죽기 살기
로 일하면 사장에게 반드시 인정받게 되어 있다. 그러면 또 다른
기회가 연결된다. 공부를 더 해서 박사학위를 받고 대학교수가

될 수도 있다. 일을 열심히 하다 보면 대기업 임원이 될 수도 있다. 실제로 일반 회사에서 근무하다가 열심히 일해서 회장의 눈에 띄어 대기업 임원으로 간 경우도 있다. 셀트리온 서정주 회장도 30대에 대우 김우중 회장의 눈에 띄어 대우자동차 임원으로 스카우트되었다. 실제로 그런 사례들이 곳곳에서 펼쳐지고 있다. 어디에 가더라도 희망을 포기할 이유는 없다. 다 하기 나름이다. 나이가 들어서 의대에 가면 어떤가? 30대라도, 40대라도, 심지어 50대라도 제 2의 인생이 열리게 되는 것이다. 다 하기 나름인 것이다. 나이가 들어서 하버드대에 못 갈 이유는 무엇인가? 열심히 하면 다 된다. 사랑한다면, 40대 혹은 50대라도 새로운 인생을 시작할 수 있다.

인생이란 한마디로 럭비공이다. 어디로 튈지 모른다. 그래서 지금 인생이 실망스럽더라도 좌절하는 건 절대 금물이다. 불안해하고만 있는 것도 NO다. 항상 열심히 살아야 한다. 그러면 그 시점부터 새로운 기회는 반드시 연결된다. 다만 목표는 높게 설정해야 한다. 항상 우리나라에서 최고가 된다는 생각으로 일해야 하고, 그 기준도 대폭 높여야 한다. 열심히 하면 반드시 실력이 올라가게 된다. 아무리 머리가 나빠도, 아무리 부족해도 어느 레벨까지는 반드시 올라간다. 남들이 무언가 이룬 것을 보면 정말 대단하고 나는 도저히 할 수 없을 것이라는 생각이 들지만, 하면

다 된다. 나도 사람이고, 그도 사람이다. 다 할 수 있다. 지방대라고 절망하는 것도 금물이고, 가난하다고 실망하는 일도 금물이다. 다만 미친 듯이 해야 한다. 그래야 어떤 윤곽이 드러난다. 대충하면 절대로 안 된다. 최선을 다해야 한다. 때로는 취미가 직업이 되기도 한다. 취미도 미쳐서 하면 최고의 반열애 오르게 되고, 직업으로 삼을 수 있다. 무엇이든 미치면 최고가 되고, 최고가 되면 길은 열린다.

불안해하고만 있다면, 지금 당장 무엇이든 해보자. 취업이 안 된다면, 지금 당장 일할 수 있는 곳에 들어가자. 그곳에서부터 기회를 만들어보자. 분명한 건 어디에 가더라도 열심히 하는 사람은 기회를 만든다. 그래서 주목을 받고, 성공을 한다는 것이다. 항상 주인으로 살아야 한다. 자기 사업을 하더라도 회사에 가더라도 주인의식을 갖고 일해야 한다. 그러면 반드시 주목을 받고, 결과를 내게 되어 있다. 죽기 살기로 하면 반드시 파문이 생긴다. 그것이 진실이다. 불안하다면 아무 일이나 열심히 해야 한다. 기회란 그렇게 최선을 다하는 속에서 나온다. 그리고 그것이 무엇이든 성실한 마음을 갖고 하면 상대방은 감동한다. 그러면 상대방은 내 편이 된다. 나를 지원하기도 하며, 나에게 투자를 하기도 한다. 그러면 새로운 기회가 시작되는 것이다. 실제로 모든 성공은 자기라는 한 인간에게 달려 있다. 학벌로, 스펙으로 성공이 결

    불안하다면

정되는 것이 아니다. 자신의 자질에 달려 있다. 마지막은 결국 인간 그 자체를 보고 결정하는 것이기 때문이다. 미국에서 거대한 자본을 투자할 때는 결국 CEO의 자질을 보고 결정한다. 그리고 최고 기업의 특징은 학벌로 임원을 결정하지 않는다는 것이다. 오직 그 사람의 능력과 자질로 결정하는 것이다. 그 사람 자체를 믿을 수 있을 때 배팅이 이루어지고, 올인이 이루어진다. 그래서 무엇보다도 본인에게 집중하고, 열심히 살아감으로써 희망을 만들어야 한다. 능력을 키우고, 사람들에게 신뢰를 주어야 한다. 그리고 약속한 것은 반드시 지킴으로써 믿음을 형성해야 한다. 어떤 일을 할 때는 입에서 단내가 날 정도로 열심히 해야 한다. 힘들어도 참고 해야 한다. 그래서 나를 믿어준 나의 고객, 나의 투자자, 나의 가족, 나의 종업원들에게 보답해야 한다.

인생이란 결국 열심히 하고 보는 것이다. 그 다음은 모두 하늘에 맡기면 된다. 최선을 다하는 것, 그것에 의의를 두고 가는 것이다. 그리고 완전히 마음을 비우는 것이다. 이성에게 프로포즈를 하는 것도 마음을 비우고 해야 똑바로 할 수 있다. 마음에 부담을 가지면 하고 싶은 말을 못 하게 된다. 그러면 결국 잘 안 된다. 마음을 비우고, 그 사람의 눈을 뜨겁게 응시하면 사랑이 시작된다. 그냥 하는 것, 그것은 모든 것을 가능하게 만든다. 불안할 때는 그것을 다 잊고, 그냥 해보자. 결국 승리한 삶, 웃는 삶을 살아가고 있는 본인을 발견하게 될 것이다. 진리란 단순하다. 항상 두 팔을 씩씩하게 흔들고, 경쾌한 걸음을 걸으며, 환한 미소를 짓고 사는 사람은 결국 성공한다는 것이다. 모든 기회는 행동에서 나온다. 지금 당장 움직이자. 지금 당장 누군가에게 말을 걸고, 누군가를 만나고, 지원서를 내보자. 움직일 때 모든 가능성은 내 편이 된다.

 불안을 옆에 두고
잠들지 말라

익숙해진 불안은 위험하다

무언가에 익숙해지는 것은 좋은 것인가, 나쁜 것인가? 일장일단(一長一短)이 있다. 좋은 점은 편해진다는 것이고, 같은 패턴을 만든다는 것이다. 큰 문제가 없기에 편해지고, 그 결과 불안이 사라진다는 것이다. 그러나 나쁜 점은 분명히 있다. 그 상황에 적응해 더 이상 변화를 시도하지 않게 되기 때문이다. 또, 자기가 보고 있는 세계가 이 세상의 전부라고 여기게 되어 그 세상이 사라지면 살아갈 수 없게 되는 것이다. 실제로 이런 사람들은 의외로 많다. 자기가 속해 있는 조직, 자기가 믿는 세상이 전부라고 여겨서 해고(解雇)가 되면 받아들이지 못 한다. 자식을 잃으면 따라 죽는다. 아내나 자식이 자기 생각대로 하지 않으면 화를 낸다. 이 외에도 다양한 경우가 있는데, 이러면 위험하다. 다른 세

잘되고 있는 것이다

상에는 적응을 못 하기 때문이다. 공무원 생활하다가 갑자기 해고되면 어떤 일이든 해야 하고, 새로운 길을 만들어내야만 하는데, 그렇게 하지를 못 하는 것이다. 상황이 변하면 규칙도 변하는데, 그것을 인정하지 않고, 자기가 가져왔던 방식만으로 밀어붙이는 것이다. 그 결과는 파멸이다.

사람은 누구나 불안하다. 그래서 불안을 줄이려고 한다. 우리는 평생 이 싸움을 해야 한다. 그런데 이 불안을 완전히 죽여 버리면 안 된다. 그 불안 속에서 잠을 자면 안 된다. 그래서 문제를 망각(忘却)하고 살면 안 된다. 그 속에 젖어서 다른 어려운 상황이 오면 그대로 패배하면 안 된다. 예를 들어 지금 급여가 적어서 불안하다면 다른 준비를 해야 한다. 창업을 준비하기 위해 기술을 배우든가, 자기만의 독창적인 길을 만들도록 회사를 다니면서 준비해야 한다. 지금 상황이 열악하다고 해서 술이나 담배로 풀면 안 된다. 그것은 인생을 갉아먹는 것이다. 시간만 축낼 뿐 인생은 달라지지 않기 때문이다. 지금 상황이 문제라면 적극적인 노력을 해서 고쳐야지, 그 불안 속에 적응하고 체념해버리면 안 된다. 그리고 그 상황에 순응해서 그냥 패턴대로만 움직이면 안 된다. 그것은 컨베이어 벨트 앞에서 일하는 인간이고, 발전이 없는 인간이다. 적극적인 노력을 해야 한다. 가장 중요한 것은 생각이 깨어 있어야 한다는 것이다. 항상 머릿속으로 끊임없이 생각해야

한다. 아이디어를 찾고, 기획을 하며, 마케팅을 고민하고, 기술
적 원천을 개발하기 위해서 계속 실험하고 또 해야 한다. 예를 들
어 지금 내가 음식점을 하는데, 월 100만 원 밖에 수익을 못 낸다
고 해보자. 그러면 확실하게 길을 정해야 한다. 객관적으로 인생
이 변할 수 있는 강력한 수단을 만들어내야만 하는 것이다. 그대
로 시간을 보내면, 가슴이 죽은 삶을 살 수밖에 없다. 그런 삶은
죽지 못해 사는 삶이다.

지금 음식점을 해서 100만 원 밖에 못 번다면 왜 그렇게 장사
가 안 되는지를 파악해야 한다. 그런 다음 개선을 해야 한다. 만
약 현실적으로 어렵다면 차선책을 구사해야 한다. 좋은 고기를
싸게 팔든지, 신선함의 수준을 높이든지, 유니폼을 입어서 신뢰
를 보여주든지, 청결함에 목숨을 걸든지 해야 한다. 그러면서 새
로운 요리를 개발해야 한다. 틈틈이 새로운 조리법을 실험해보는
것이다. 그리고 다른 유명 식당의 음식을 먹어봄으로써 요리법을
배워 와야 한다. 그리고 자신만의 요리를 만들어내야 한다. 그러
나 완전히 새로운 것을 하려고 해선 안 된다. 왜냐하면 적어도 3
년 이상 시간이 소요되기 때문이다. 지금 자기가 할 수 있는 기술
을 기반으로 약간 다른 방향으로 변화를 주는 것에 집중해야 한
다. 자기가 해왔던 것을 그대로 살려가면서, 이 속에서 자기의 기
술을 특화하는 데 주력해야 한다. 장사가 잘 되는 집들은 한 가지

메뉴로 승부한다. 짬뽕이 몸에 해롭다는 인식으로 잘 팔리지 않는다면 짬뽕밥으로 승부를 하는 것이다. 단무지와 양파만 내놓지 말고 다른 채소들을 내놓는 것이다. 장사가 안 되면 예전에 하던 대로 하면 안 된다. 실패가 객관적으로 입증되었기 때문이다. 반드시 변화를 해야 한다. 안 되고 있는 상황에 적응해서 미친 듯이 노력하는 태도를 버리면 그때부터 인생은 죽는다. 정신이 이미 죽었기 때문이다. 그런 정신 상태로는 아무것도 못 한다. 어려움을 이겨낼 각오가 없기 때문이다. 편하게만 승부하려고 하기 때문이다. 절대적인 고비를 목숨을 걸고 넘으려고 하지 않기 때문이다.

불안에 적응하지 말고, 불안을 일깨우고, 이 불안과 함께 새로운 역사를 써나가야 한다. 그러기 위해선 깨어 있는 정신을 가지고 치열하게 노력해야 한다. 새로운 가능성을 매월 확인하면서 가야 한다. 1년은 열두 달이지 않은가? 1년 동안 최소한 12번은 변해야 한다. 그렇게 해야 인생이 달라진다. 1년이 지나도 인생이 달라지지 않았다면 인생을 정말로 잘못 살고 있는 것이다. 인생이 도대체 몇 년이라고 생각하는가? 인생은 불과 80년이다. 당신이 서른 살이면 50년밖에 안 남았다. 1년에 1번은 크게 변해야, 50년 동안 50번 변할 수 있다. 한 달에 한 번은 변하도록 노력해보라. 그러기 위해선, 깨어 있는 정신으로 치열하게 살아갈 수밖에 없다.

지금 직장인들 중에 미래가 걱정되는 사람들이 많다. 이들 중 대부분은 걱정만 하고 확실한 대비는 하고 있지 않다. 그러면서 술과 담배만 소비한다. 친구들 만나서 하소연이나 한다. 어디 여행가서 맛있는 것이나 먹으면서 시간을 보낸다. 그러나 그렇게 하면 틀림없이 망한다. 객관적인 상황을 반전시킬 노력만이 상황을 변화시키기 때문이다. 힐링만으로는 힐링이 되지 않는다. 반드시 결과를 만들어내야 한다. 마음을 비우고 살더라도 치열하게 정진하는 삶을 살아야 한다. 스님들이 마음을 비우고 산다고 해서 기도까지 열심히 하지 않는 건 결코 아니다. 큰 스님일수록 더 용맹스럽게 정진한다.

우리도 그래야 한다. 노력해야 한다. 직장인들이라면 문제를 분석하고 결론을 내려야 한다. 그리고 그에 맞추어 자신을 변화시키며 살아야 한다. 일을 더 열심히 해야 하고, 좀 더 강력한 차별화를 만들어내야 한다. 지금 당장 결과를 만들지 못 해도 괜찮다. 조금 오래 걸릴 수 있지만, 결과는 반드시 나타난다. 중요한 것은 결과가 나타날 때까지 포기하지 않는 것이다. 결과가 나타났다고 해서 흥분하지 않는 것이다. 평생 동안 수양하는 자세로 내 페이스를 유지하면서 열심히 살아가는 것이다. 그러면 큰 성공은 하지 못 하더라도 부끄럽지 않은 삶, 당당한 삶을 살아갈 수 있게 된다.

우리는 우리가 바라보는 이 세계가 전부가 아니라고 믿고 살아야 한다. 영원한 건 없기 때문이다. 대기업인 삼성전자도 부도가 날 수 있다. 심지어 국가마저 망한다. 우리가 믿고 있는 가치관이란 옳지 않은 것일 수도 있고 우리의 직감이 틀릴 수도 있다. 또한 우리의 분석이 틀렸을 수도 있다. 그것을 인정해야 한다. 그래서 새로운 변화에 대해 대문을 활짝 열고 맞아야 한다. 문을 한 쪽만 여는 것이 아니라 양쪽 다 열어야 한다. 그리고 항상 희망을 만들어가겠다는, 새로운 세계를 만들겠다는, 아름답고 행복한 인생을 살겠다는 마인드를 평생 간직하고 살아야 한다. 어디에서 무엇을 하더라도 이런 생각을 가진 사람은 결국 그런 삶을 살아간다.

그러나 아무리 학벌이 화려하고, 높은 직위가 있고, 잘 생기고, 몸이 건강하더라도 자기 안의 세계가 전부라고 믿는 사람은 결국 망한다. 이런 사람은 학벌만 있으면 모든 것이 통한다고 생각한다. 그래서 제대로 된 노력을 하지 않아 오히려 어려움을 겪게 된다. 학벌로 성공한 사람들도 실제로는 노력을 통해 실력이 뒷받침되었다. 무엇이 있으면 행복하다, 어떤 것이 뒷받침되면 행복하다는 생각은 버려야 한다. 그런 것이 없어도 행복할 수 있기 때문이다. 그것이 무엇이든 그렇다. 극단적으로 부모님이 돌아가시면 세상을 잃은 것 같은 기분이 들 것이다. 그러나 부모님이 없더라도 나는 행복하게 살아갈 수 있다. 사랑하는 사람이 나를 떠나

면 죽을 것만 같다. 그러나 그때뿐이다. 나는 다시 내 삶을 행복
하게 살아갈 수 있다. 무엇이 있기 때문에 행복한 것이 아니라,
내 마음이 행복을 결정하기 때문이다. 어떤 확고한 이데올로기가
있으면 그것이 무너지면 그 사람은 살아갈 수 없게 된다. 사회주
의를 신봉하는 사람은 사회주의가 붕괴되면 살아갈 가치가 없다
고 생각한다. 그러나 그런 것은 다 허상(虛想)이다. 자본주의도 허
상이다. 이것도 언젠가는 바뀐다.

예를 들어보자. 과거 엄청나게 오랜 기간 동안 노예가 존재했
다. 당시 사람들에게 노예가 앞으로는 사라질 것이라고 이야기했
다면 절대로 이해하지 못 할 것이다. 왜냐하면 이때 노예제도란
강력한 이데올로기이기 때문이다. 그러나 이 이데올로기는 결국
깨졌다. 그것이 무엇이든 확고한 것은 없다. 따라서 무언가를 절
대적인 것으로 믿고 사는 사람은 망한다.

그럼 돈은 어떨까? 돈을 100억씩이나 쌓아둔 사람은 절대적으
로 걱정이 없을까? 돈도 하나의 이데올로기다. 한국 돈은 한국
이 망하면 사라진다. 빌딩도 마찬가지다. 전쟁이 나서 폭격이라
도 당하면 흔적 없이 사라진다. 그래서 돈도 믿을 것이 못 된다.
금은 어떤가? 금은 안전할 수도 있지만, 문제가 생기면 현금화하
지 못 할 수도 있다. 빼앗길 수도 있고, 분실할 수도 있으며, 폭락
을 할 수도 있다. 그렇다면 우리가 믿어야 하는 이데올로기란 무
엇인가? 그것은 바로 우리의 행복이다. 우리 자신의 삶을 행복하

게 만들겠다는 강력한 의지다. 그것만이 우리가 마지막으로 기댈 수 있는 유일한 이데올로기다. 무인도에서 돈이 무슨 소용이 있는가? 금은 또 무슨 소용이 있는가? 우리의 삶을 행복하게 하겠다는 의지와 그 속에서 살아남을 수 있는 기술만이 필요하다. 아니 기술은 부차적인 것이다. 행복하게 살겠다는 의지가 핵심이다. 우리가 지금 돈을 버는 이유는 우리 세계에서 돈이 행복에 영향을 미치기 때문이다. 인간다운 삶을 살 수 있게 만들기 때문이다. 만약 다른 곳에 있다면 다른 방식으로 살아가야 한다. 여기가 무인도라면, 또 쿠바라면 달라져야 한다. 그래서 절대적인 이데올로기란 우리 자신이어야 하고, 나머지는 부차적인 것으로 삶을 위한 수단으로 받아들여야 한다. 그것이 삶의 철학이고, 본질이며, 궁극의 가치이다.

우리는 익숙함이 주는 편안함을 거부해야 한다. 익숙함 속에 빠져서 그것이 전부라고 생각해선 안 된다. 불안을 잊기 위해서 어떤 것을 절대적으로 믿고 살려고 해선 안 된다. 돈에 근거해서 살아서도 안 되고, 사람에 근거해서 살아서도 안 되고, 학벌에 근거해서 살아서도 안 된다. 기술과 외모도 마찬가지다. 다른 세상에 가면 전혀 다른 것이 필요할 수 있고, 지금 가진 것은 아무짝에도 쓸모 없을 수 있기 때문이다. 그곳에 가면 다시 다른 방식으로 금자탑을 쌓아올려야 한다. 그곳이 어디든 삶의 행복에 대한 열정만 있으면 된다. 그러면 밑바닥에서 모든 것을 배울 수 있고, 결국 잘하게 되니까 말이다. 실제로 그것이 어떤 것이든 1~3년만 배우면 도사가 된다. 중요한 것은 삶을 소중하게 여기는 것이다. 그러면 모든 문제는 해결된다.

삶이란 결국 철학이다. 어떤 철학을 갖고 사느냐로 삶이 결정된다. 진정한 철학자는 삶을 큰 틀에서 본다. 그리고 본질이 무엇인지 꿰뚫어본다. 그래서 중요한 것과 중요하지 않은 것을 분간해낸다. 진정한 철학자는 우리 사회에 이데올로기가 없다고 말한다. 진정한 이데올로기는 바로 우리 자신이고, 우리의 행복이다. 그리고 그것을 추구하는 삶만이 궁극적으로 행복할 수 있다고 말한다. 실제로 우리의 삶은 그렇다. 우리는 어떤 틀 안에 들어가서 안주하는 삶을 살면 안 된다. 그러면 다른 세상에 갔을 때 질식해서 죽고 만다. 전쟁이 터지면 총을 한 번도 쏘아보지 못 했더라도 정신을 차리고 전쟁을 수행해야 한다. 무인도에 가면 생선을 잡아본 적이 없어도 생선을 잡아야 한다.

세상의 규칙이 바뀌면 그것을 내 것으로 받아들여야 한다. 그래야 삶이 달라진다. 즉 세상의 규칙이란 내 삶을 위한 수단인 것이다. 우리가 지금 독서를 하고 공부를 해야 하는 이유는 무엇인가? 그것은 내 삶을 바르게 이끌고 가기 위함이고, 철학적으로 성찰하는 삶을 살기 위함이다. 지금은 문(文)의 시대로 지식이 있는 자가 승자가 되기 때문이다. 만약 지금이 무(武)의 시대라면 검술을 연마해야 한다. 시대의 규칙이 바뀐 것이다.

이제 삶의 본질이 이해가 될 것이다. 삶이란 도대체 무엇이며, 행복이란 무엇이며, 절대적인 가치란 무엇인지 말이다. 그것은 바로 우리 자신의 행복이다. 그것은 온전히 우리 자신을 위한 것으로, 그 수단은 다양하며 계속 변화한다. 그 수단이 전부라는 착각을 하고 살면 절대로 안 된다. 우리는 자신을 가벼운 마음으로 보아야 한다. 불안하면 누구나 기댈 수 있는 것을 만들려고 한다. 그러나 그것은 언제든 사라질 수 있다. 그러면 새로운 규칙에 맞추어서 살아야 한다. 즉 완전히 제로에서 새로 배워야 하는 것이다. 이것은 꽤 힘든 일이다. 밑바닥부터 치고 올라가야 하기 때문이다. 그러나 할 수 있다. 내 삶에 대한 사랑이 있다면, 모든 것이 가능해진다.

삶에도 열정이 필요하다. 체념하지 말고, 그 속에 안주하지 말고, 어떤 것에 기대서 놀려고 하지 않는다면 삶은 정말로 아름다운 것이 된다. 이 세상의 모든 것은 기회가 되고, 매 순간은 새로운 경험을 하는 최고의 순간이 된다. 그것은 흥분과 아름다움으로 기록된다. 우리는 불안을 기꺼이 사랑해야 한다. 그러기 위해서 끊임없이 노력하며 살아야 한다. 나약한 생각으로 무언가

에 기대려 하거나 그 속에 빠져 들어서도 안 된다. 항상 투지만
만하게 열심히 살아야 한다. 그래서 세상이 변해도, 굳건하게 일
어서는 진정한 파이터가 되어야 한다.

23 대답해보라, 당신의 콘셉트는 무엇인가?

불확실성을 줄이면 불안도 줄어든다

삶이 불안하다는 건 자신의 콘셉트를 모른다는 말이기도 하다. 즉 '자신의 길'을 몰라 우왕좌왕하고 있다는 것이다. 자신의 콘셉트를 아는 사람, 그래서 자신의 콘셉트에 집중하며 사는 사람은 불안해하지 않는다. 불안해할 시간도 없다. 제대로 집중하는 삶을 살고 있기 때문이다. 물론 근본적으로 삶에 대한 불안은 있다. 그러나 제대로 노력하면서 그 불안을 없애고, 결실을 맺고, 희망을 만들어간다. 우리들의 불안은 자신만의 콘셉트가 없기 때문이다. 이때 자기만의 콘셉트란 어떤 의미인가? 쉽게 말하면 "자기만의 성공법"을 모른다는 말이다. 이것은 일을 하면서 자기가 찾아내야 하는데, 아직 그것을 찾아내지 못 했다는 말이다. 이것은 남이 알려줄 수 있는 것도, 충고해줄 수 있는 것도 아니다. 부모님이 대신해줄 수 있는 것도, 친구가 대신해줄 수 있는 것도 아니다. 이것은 실행을 해봄으로써 얻을 수 있다. 현업(現業)에서 본인이 직접 건져 올린 실전지식이고, 실전에서 성공할 수 있는 본인만의 체계화된 방법이다. 자신만의 성공법이 있는 사람은 그 체계화된 방법대로 실행함으로써 좋은 결과를 만든다. 그리고 계속해서 성공법을 발전시켜 나간다. 끊임없는 실험과 혁신으로 진보와 발전을 이루어나간다. 즉 끊임없이 변화함으로써 발전해 나가는 것이다. 그래서 결국은 범접할 수 없는 거인이 된다.

이것은 자기 자신과의 철저한 싸움과 사색으로 찾을 수 있다. 이것을 책에서 찾을 수 있다고 생각하면 오산이다. 다만 책에서 힌트는 얻을 수 있을 것이다. 그러나 결국은 본인의 생각으로 재구성해내야 한다. 본인이 실행할 수 있는 방법으로 만들어야 하기 때문이다. 나는 왜 불안한가? 그것은 일이 뜻대로 되지 않기 때문이다. 그것은 나 자신과 내가 가장 잘할 수 있는 방법을 모르기 때문이다. 한마디로 자기 자신을 모르기 때문에 전략도, 구상도, 실행도 모두 잘못된 것이다. 그리고 이것은 치열한 실행을 하지 않았기 때문이고, 그에 걸맞는 고민과 성찰과 사색을 하지 않았기 때문이다. 철저하게 코피가 터져본 사람만이 인생의 정답을 건져 올릴 수 있다. 진정한 두려움을 가지고 해법을 찾아 나서면 해법은 반드시 나타난다. "내가 목숨을 걸고 노력해야 겨우 최고에 이를 수 있다.”는 겸손한 마음으로 해법을 찾아 나서기 때문이다. 자신만의 성공법은 성공 이후에 찾아오는 것이 아니라, 실패 이후에 찾아온다. 깊은 겸손과 자기성찰이 뒷받침된 이후라야 찾아오는 것이 성공이고, 희망이며, 철학이기 때문이다. 사람이 무너져봐야 목숨을 걸고 자신의 길을 찾아내고, 끝내는 성공을 이루어낸다. 그래서 마침내 불안을 정복한다.

우리는 자신에게 '나는 누구인가?'라는 질문을 던져야 한다. 내가 어떤 것에 관심이 있는지, 무엇을 잘하는지, 무엇을 하며 살고 싶은지, 무엇을 가지고 싶은지 등에 대해서 알아야 한다. 그리고 내가 무엇을 하면 기쁘고, 무엇을 하면 불쾌한지를 정확히 알아야 한다. 우리는 평생에 걸쳐 자신의 관찰자가 되어야 한다. 그래서 계속 자신의 최적 상태를 포착해야 한다. 그것을 가지고 우리가 가장 행복할 수 있는 방법들을 새롭게 실행하는 것이다. 그리고 '나는 무엇을 제공할 것인가?'라는 질문을 던져야 한다. 이 세상으로부터 대가를 받는 것은 결국 내가 무언가를 제공하기 때문이다. 주지 못 하면 받지 못 한다. 제품이나 서비스를 제공해야 경제적인 이익을 얻고, 그것으로 생활을 할 수 있다. 사랑하는 사람에게도 무언가 줄 수 있어야 마음을 얻을 수 있다. 그래서 좋아하는 사람을 만날 때도 내가 그 사람을 좋아하는 마음은 잊고, 그 사람에게 무엇을 해줄 수 있는지를 먼저 고민해야 한다. 그래서 그 사람의 바람을 충실하게 들어주면 그 사람은 결국 내 사람이 된다. 이것은 단지 돈을 의미하는 것이 아니다. 본질을 이야기하는 것이다. 그것은 궁극적으로 자신에 대한 이해와 배려와 같다. 결국 사랑이란 행복하기 위해서 함께하는 것이기 때문이다.

제품이나 서비스 등 무언가를 제공하기 위해서는 먼저 내가 무엇을 가지고 있는지를 알아야 한다. 실제로 전혀 새로운 것을 할 수는 없다. 그 동안 평소에 내가 관심을 가졌던 것들, 보던 것들, 일상에서 많은 시간을 보냈던 것들이 나를 만든다. 그것이 바로 나 자신이다. 이것은 삶에서 매우 중요한 진실로, 평생에 걸쳐 잊어버리면 안 된다. 내가 관심을 갖고 시간을 보낸 것들을 역으로 뒤집어보면 내가 제공할 수 있는 새로운 기회가 보일 것이다. 그렇게 해서 내가 제공할 수 있는 것을 발견하고 나면, 그것을 정교하게 다듬어야 한다. 다양한 실험으로 다양한 가능성을 타진해보아야 한다. 이렇게도 해보고, 저렇게도 해봄으로써 가능성을 극대화할 수 있는 다양한 실험을 해야 한다. 평생 된장찌개만 먹으면 된장찌개가 이 세상 음식의 전부가 되지만, 돈가스도 먹고, 비빔밥도 먹고, 복어탕도 먹으며 다른 음식을 경험하게 되면, 세상에 수많은 음식이 있다는 것을 알게 된다. 자신의 가능성도 하나만 시도해보면 평생 그것만이 전부가 된다. 평생 회사원으로 넥타이만 매고 있으면 자신의 본모습을 모른다. 춤도 춰보고, 선술집에서 아르바이트도 해보고, 요리도 배워보고, 어학 강사도 해보고, 글도 써보고, 무술을 배워보면 다른 가능성을 발견할 수 있다. 또, 일을 할 때도 다양한 방식으로 해야 한다. 그러면 다른 길을 발견할 수 있다. 그러나 다른 곳으로 눈을 돌리더라도, 자신의 본질을 잊어서는 안 된다. 자기가 할 수 있는 것, 자신이 제공할 수 있는 것, 자신이 그동안 해왔던 것들은 쉽게 변하지 않는다. 자신의 본질적 관심은 쉽게 변하지 않는다. 나의 관심사 밖에 있는 다른 것들이 비록 큰 성공을 거두고 있더라도 그것에 눈을 돌리지 말고 자신의 본질에 집중해야 한다. 그러면 최고가 된다. 다른 곳에 마음을 팔지 않고 일념으로 자신의 길을 가면 끝내는 자신의 길에서 거대한 신화를 이루게 된다. 이것은 매우 중요한 삶의 진실이다.

무엇을 하든 남들의 시선을 떠나야 한다. 내가 그 길이 옳다는 확신이 든다면 하는 것이다. 그것은 어쩌면 "최초의 길"일 수도 있다. 즉 선례(先例)가 전혀 없는 것이다. 남들이 해본 적도 없고, 앞서 간 사람들이 한 명도 없는 것이다. 그러면 두려움이 엄습한다. 그러나 내가 가면 최초가 된다. 내가 가면 역사가 된다. 남들이 가지 않았기 때문에 내가 가는 것이다. 남들이 했느냐, 하지 않았느냐는 부차적인 문제다. 그것은 중요한 것이 아니다. 내가 하고 싶으냐 하기 싫으냐가 핵심이다. 내가 하고 싶으면 무조건 가는 것이다. 내가 할 수 있으면 무조건 가는 것이다. 그래서 무엇보다 자신의 가슴에 솔직해야 하고, 자신의 능력을 철저히 고려해야 한다. 직접 해보면 되는지, 될 것인지에 대한 직감(直感)이 반드시 온다. 이것은 자신의 가슴이 확고하게 느끼는 감정이다. 자신을 믿고 가면 된다.

자신만의 콘셉트를 쉽게 발견할 수 있다고 생각하면 안 된다. 이것은 어쩌면 10년이 더 걸릴 수도 있다. 찾아내기 전까지는 지금 살던 대로 살면 된다. 하고 싶은 일을 하고, 생계를 위한 일을 하면 된다. 지금 하고 있는 일, 지금 한 선택도 엄청난 고민을 한 뒤에 선택한 것들이기 때문이다. 그래서 그대로 따르면서 틈틈이 성찰(省察)을 하면 된다. '이것이 제대로 사는 삶인지, 나은 삶은 없는지'를 고민하는 것이다. 그렇게 10년 정도 고민하면 새로운 길이 보일 수도 있다. 메가스터디 손주은 대표는 약 10년 정도 자신의 삶을 고민했다. 돈은 많이 벌지만 명예는 없는 학원 강사 일을 해야 하는지에 대한 고민, 서울대를 나온 자신이 이렇게 살아도 되는지에 대한 고민, 사교육을 계속 해도 되는지 등의 고민을 했던 것이다. 그러면서 '교수'를 꿈꾸기도 했고, '학교 설립'도 생각했다. 그러나 결국은 '사업'이라는 결론을 내리게 되었는데, 어느 날 '홈쇼핑'을 시청하면서 불현듯 떠오른 생각 때문이었다. 홈쇼핑을 통해 백화점이 집으로 찾아가는 세상을 목격하게 되었고, 학원도 틀림없이 집으로 찾아가게 될 것이라는 것을 통찰(洞察)하게 된 것이다. 불과 3억 원으로 창업한 메가스터디로 그는 수천억대의 재벌이 되었다. 똑같은 10년이지만, 학원 강사로 산 10년과 사업가로 산 10년은 차원이 다르다. 돈의 규모도 천문학적으로 차이가 나고, 무엇보다도 많은 수의 직원들을 거느리게 된 것이다. 물론 사교육이라는 암적인 존재에 대해서는 그도 많은 고민을 할 것이라고 본다. 사교육은 타인을 앞서고자 하는 욕구에서 나온 부정적인 결과물이기 때문이다. 그렇지만, 좋고 나쁨을 떠나 그는 새로운 삶을 만들었다.

삶에 대한 성찰, 자신만의 콘셉트는 곧바로 나오지 않을 수 있다. 이것은 10년에 걸친 성찰 끝에 나올 수도 있으므로 실망해선 안 된다. 열심히 살고, 끊임없이 성찰해야 한다. 그러면 불현듯 모든 것이 달라지는 경험을 하게 된다. 분명 우리는 이 과정에서 많은 어려움을 겪을 것이다. 터지고 깨지는 경험을 통해 많은 것을 느끼고 깨닫게 될 것이다. 그러면서 자신의 길을 발견하게 될 것이다. 넘어지더라도 완전히 박살이 나고 피가 터져야 진정한 깨달음이 온다. 자신의 모든 것을 뒤흔드는 뜨거움이 없으면 진정한 변화가 일어나지 않기 때문이다. 그래서 실패를 하더라도 죽기 일보 직전까지 가는 것이 좋다. 사랑을 하더라도 죽기 일보 직전까지 사랑하는 것이 좋다. 그렇게 극단적으로 살면 반드시 극단적인 곳에 이르게 되기 때문이다. 누누이 이야기하지만 극(極)과 극(極)은 통한다. 우리는 열심히 살고, 도중에 힘든 일이 생기더라도 실망하지 말아야 한다. 그러면 반드시 깨달음이 온다. 자신만의 성공법을 찾게 된다. 그러면서 자신의 길에 대해 확신을 하게 되고, 일종의 종교적인 믿음을 가지게 된다.

삶이란 결국 "자기 자신을 얼마나 잘 아느냐"로 결정된다. 그래야 제대로 된 행동을 할 수 있기 때문이다. 남들을 따라 해선 망한다. 뱁새가 황새 쫓아가면 죽는다. 하늘을 나는 새가 부럽다고 해서 양팔에 날개 붙이고 63빌딩에서 뛰어내리면 죽는다. 예쁜 여배우의 삶도, 연예인의 삶도, 스포츠 스타의 삶도 내 삶은 아니다. 나에게는 내 삶이 있다. 내게 맞는 콘셉트를 찾고, 세련되게 다듬어야 한다. 나는 내 능력만 발휘하면 전설이 될 것이다. 내 능력의 20퍼센트만 발휘하면 세계적인 전설이 된다. 남들이 이미 그 일을 많이 하고 있더라도 상관없다. 내가 진정으로 나 자신에게 집중하고 몰입할 때 기적은 나타난다. 이 세상의 기적, 역사는 모두 자신의 가슴에서 나온 것들이다. 좁은 골방에서 세계적인 작품들이 쓰여져 온 세계를 폭풍 감동으로 이끌고 갔다. 그 초라한 곳에서 세계적인 작품이 나오리라 상상이나 했겠는가? 베토벤은 하숙집 아줌마로부터 방세 독촉을 받아 노이로제에 걸릴 정도였다. 그렇게 허름한 하숙방에서 쓴 곡이 세계를 감동시킬 줄 누가 알았겠는가? 그러나 그것이 진실이다. 기적은 우리의 심장에서 발현되며, 우리가 거처하는 좁은 방에서 시작된다. 역사와 전설이란 모두 그렇게 창조된다. 놀면서, 편하게, 화려하게 시작된 역사란 그 어디에도 존재하지 않는다. 지금은 전설이 된 빌 게이츠도 차고에서 창업을 했다. 우리는 자신의 가슴으로 회귀(回歸)해야 한다. 자신이 진정으로 잘할 수 있는 것에 집중해야 한다. 흉내를 내는 삶으로는 일류가 될 수 없다. 자기만의 것을 만들어내야 한다. 그리고 그것으로 전설이 되어야 한다. 진정한 전설, 진정한 최고가 되어야 한다.

우리 자신에게 맞는 성공법을 만들고, 콘셉트를 만들자. 우리들의 삶을 우리만의 콘셉트로 표현하고, 그것을 최대한 잘 구현하도록 최선을 다하자. 그렇게 살면 불안해할 일이 없다. 최고의 결과가 나오고, 희망이 만들어지기 때문이다. 우리의 삶은 나만의 성공 공식이 있느냐 없느냐의 차이로 결정된다. 우리 모두는 자기만의 공식을 만들어낼 수 있는 사람이 되어야 한다. 그것은 우리를 아는 것에서 시작되며, 많은 시도와 넘어짐, 그리고 뜨거운 성찰과 사색으로 열매 맺는다.

24 불안이 사라진 자리,
창의성이 찾아온다

불안을 컨트롤하면 대가가 있다

너무 불안하면 일이 안 된다. 창조적인 일은 불가능하다. 불안이라는 감정에 치이기 때문이다. 계속 걱정만 하느라 일을 하지 못 하고 집중하지 못 하기 때문이다. 일은 열심히만 해서는 안 된다. 그것은 발전이 없다. 일은 창의적으로 해야 하고, 핵심을 찌르면서 해야 한다. 본질을 꿰뚫고, 단 한 번으로도 모든 것을 변화시킬 수 있는 행동들을 하며 나가야 한다. 그러기 위해선 결국 창의성이다. 그런데 창의성이란 도대체 무엇일까? 창의성이 무엇인지 알고 나서 그것이 어디에서 나오는가를 알아야 한다. 창의성은 쉽게 말하면 혁신적인 생각이다. 익숙한 생각, 전에도 해오던 생각, 낡은 생각, 해보아도 별로 소용이 없는 생각이 아닌 것이다. 창의성은 모든 상황을 크게 변화시킬 생각을 말한다. 단순히 새로운 생각만을 의미하는 것은 아니다. 그 생각이 새롭든 새롭지 않든 간에 지금의 상황에 적용을 했을 때 극적인 결과가 나오는 생각을 말한다. 창의성은 결국 모두를 살리는 생각, 모든 상황을 반전시킬 수 있는 생각, 훌륭한 결과를 만들어낼 수 있는 생각을 말한다. 그렇다면 그것은 왜 새로운 생각으로 표현될까? 그것은 주로 새로운 생각이라는 형태로 다가오기 때문이다. 그리고 전부터 오랫동안 해왔던 생각과는 조금 변형된 형태의 생각이기 때문이다. 이 세상에 완전히 새로운 생각은 없다. 그것이 창의적이더라도 이미 존재하는 것에 바탕한 것이며, 그것을 약간만 변형한 것에 불과하다. 그래서 중요한 것은 기존의 생각들을 현재의 상황에 맞도록 변형시키는 능력인 것이다. 그리고 자신만의 콘셉트와 결합시키는 능력이다. 스티브잡스의 인문학과 과학 기술을 결합시키는 능력도 따지고 보면 창의성에 기반한다. 스티브잡스의 창의성이란 과학 기술을 인간에게 가장 유용한 형태로 약간 변형하고 조합한 것이기 때문이다. 이것이 바로 창의성의 핵심이며, 최첨단 기업인 삼성전자도 이 정신을 존중한다. 창의적이기 위해서는 유연해야 한다. 어떤 틀에 갇히면 안 된다. 교과서에 대한 신봉도 버려야 하고, 노벨상 수상자도 무시해야 한다. 오직 현재 상황에 가장 적합한 것만 절대적인 이데올로기가 되어야 한다. 즉 "가장 필요한 것에 집중하는 가장 단순한 생활"로 들어가야 한다.

   불안하다면

그렇다면 창의성은 어디에서 오는 것일까? 그것은 다양한 요소로 결정된다. 창의성은 결국 자유로운 생각에서 나오는 것으로, 그 프레임을 결정짓는 것은 결국 자율성, 여유, 즐거움이다. 사람이 너무 힘들게 살면 생각도 죽는다. 즐겁지 않으면 생각도 방어적이 되고, 스트레스에 집중하거나, 이상한 곳에 정신을 쏟으면서 시간을 보낸다. 고3 생활도 즐겁게 지내야 좋은 성적이 나온다. 무슨 일을 하든지 즐거워야 좋은 결과가 나오는데, 창의성은 더욱 그렇다. 창의적이기 위해서는 피곤함이 없어야 한다. 삶에 지쳐선 안 된다. 항상 어느 정도의 자유가 필요하다. 자기 마음대로 할 수 있는 것이 어느 정도는 보장되어 있어야 한다. 생각을 틀에 가두면 안 되기 때문에 파격적이어야 하고, 금기(禁忌)에 대해서도 자유로워야 한다. 호기심이 충만해야 하고, 세상을 변화시키겠다는 적극적이고 진취적인 마인드도 필요하다. 물론 세상일이 그렇게 단순하지는 않다. 그러나 팍팍한 환경 속에서도 창의적인 생각이 나온다. 팍팍한 상황을 벗어나고자 하는 필요에 집중해 획기적인 개선안을 내놓는 경우가 그것이다. 그래서 꽉 짜인 일상, 규칙적인 생활 속에서도 창의성이 나온다. SK 김성근식 야구는 반복적인 훈련에 집중하고, 치고 달리고 던지는 기본에 충실한 단순함과 규칙성으로 최고가 될 수 있었다. 가장 필요한 것에 집중하는 단순함 속에서도 정교함은 탄생한다. 자율성, 여유, 즐거움만이 절대적인 것은 아니란 말이다. 이 세상에 절대적인 규칙이란 존재하지 않는다.

사람은 자기를 풀어놓을 수 있어야 한다. 무언가를 너무 잘하려고 생각하지 말아야 한다. 지나치게 강압적으로 살지 않도록 해야 한다. 때로는 100퍼센트 백수가 되고, 한량이 되어야 한다. 그렇게 자기를 완전히 풀어놓는 경험과 세상사를 완전히 잊고 지내는 경험이 결국은 큰 힘이 된다. 그런 자세로 지내면 TV를 보는 속에서도 굉장한 아이디어를 얻게 되고, 그 속에서 깨달음을 얻어 새로운 기회를 만들기도 한다. 한량다운 생각으로 놀라운 생각을 창조하고, 엄청난 결과를 도출하는 것이다. 세계 최고의 브랜드 중 하나인 렉서스는 도대체 어떻게 만들어졌을까? 디자인은 결국 창의성의 산물이고, 생활에 대한 깊은 이해에서 나온다. 디자인은 외관만이 아니다. 사용자에 대한 깊은 이해가 없이는 절대 제대로 된 디자인이 나오지 않는다. 창의적인 디자인을 하려면 마음을 풀어놓고, 마음의 벽을 치지 않고, 온 몸으로 사용자를 뜨겁게 느끼는 체험이 필요하다. 도요타 회장은 자기 회사 직원들을 외국의 최고급 호텔에 보냈다. 스위트룸을 마음대로 쓰도록 하고 최고의 생활을 하도록 했다. 당연히 월급은 그대로 지불했다. 도요타 회장의 지시는 하나였다. 가장 부자답게 놀고 오라는 것이었다. "세계 최고의 부자들을 온몸으로 이해하라."는 뜻이었다. 결국 최고급 호텔의 스위트룸에서 세계 최고의 부자답게 논 그들은 부자들의 생각을 깊이 이해하게 되었고, 그들을 만족시킬 렉서스를 탄생시켰다. 렉서스는 세계에서 선풍적인 인기를 끌게 되었다. 만드는 사람들이 이해하려고 머리 빠지게 애쓴 것이 아니라, 마음 푹 놓고 마음대로 놀았기 때문에 가능했던 일이다. 진정한 창의성은 죽도록 노력한다고 나오지 않는다. 놀아야 한다. 여유로워야 하고, 편해야 한다. 진정으로 사용자를 이해하기 위해서는 그들의 입장에 서야 한다. 보통 사람처럼 놀아야 한다. '기를 쓰고 이해해야지.' 하는 것이 아니라, 그냥 자유롭게 놀면서 깨닫게 된다. 여유롭게 세상을 볼 때 자연스럽게 머리와 가슴으로 들어오게 된다. 흔히 책만 보는 사람은 세상을 모른다고 한다. 책에만 갇혀 있고, 책이 세상의 전부라고 믿기 때문이다. 이러면 안 된다. 책을 떠나야 한다. 자신의 체험 속으로 들어가야 하고, 사람들과의 대화 속으로 들어가야 한다. 그러면 다른 세상이 눈에 들어오고, 창의성이 생긴다. 이른바 이론과 실전을 겸비한 진정한 천하무적의 지식인이 되는 것이다.

불안해서 정신을 잃으면 안 된다. 세상을 여유롭게 바라볼 수 있는 태도를 잃으면 안 된다. 휴식하지 않으면 안 된다. 너무 쫓기듯이 살면 안 된다. 언제나 한량같은 자세가 필요하다. 마음 놓고 지낼 수 있어야 하고, 여유가 있어야 한다. 사람들도 여유를 가지고 대해야 하고, 야박하게 대하면 안 된다. 그래야 생각이 제대로 작동하고, 진정한 창의성이 발원(發源)되기 때문이다.

　물론 이것은 생각 없이 노는 것만을 의미하진 않는다. 놀면서도 공부를 하는 것이다. 이 부분은 설명하기 조금 애매한 점이 있는데, 역설적이기 때문이다. 쉽게 말하면 이렇다. 어떤 사람이 그냥 마음 편하게 놀러갔다. 전혀 공부할 생각도 없었다. 그래서 마음 편하게 논다. 그런데 틈틈이 일이 생각난다. 그러다 또 열심히 논다. 그러는 중에 사람들과의 대화나 어떤 사물의 반응에서 아이디어를 포착한다. 일에 적용해보면 어떨까 가볍게 생각한다. 나중에 이것들은 일을 하는 데 창의적으로 적용이 된다. 일을 할 때는 고도로 집중을 하게 되는데 그러면 그때 가볍게 한 번 생각해본 내용들이 상당 부분은 다시 떠오르게 된다. 그래서 큰 도움을 받게 된다. 책을 정독하지 않아도 혹은 이해 못 해도 한 번 읽고 나면 나중에 시간이 지나서 자연스럽게 이해되고, 일에 적용이 된다. 크게 보면 노는 것은 독서와 같다. 책도 가볍게 본 것이 도움이 되는 것처럼 노는 것도 그렇다. 놀면서 두뇌가 활성화되는 것도 있고, 자유롭게 발상하기 때문이기도 하며, 온갖 다양한 생각들을 하기 때문이기도 하다. 그 중심에 인본주의(人本主義)가 있다. 순수한 마음으로 인간을 위한 것을 생각하기 때문에, 이기심을 완전히 배제하기 때문에, 최고의 감수성으로 최고의 결과를 낼 수 있는 것이다. 진심이 나오는 것이다.

일을 잘하기 위해선 잘 놀아야 한다. 산에도 가고, 바다에도 가야 한다. 영화도 자주 보아야 하고(영화도 큰 공부가 된다), 친구들도 한 번씩 만나야 한다. 그리고 자기가 하고 싶은 놀이를 그냥 마음대로 하면서 쉬어야 한다. 여유를 가져야 하고, 마음 편하게 일해야 하고, 발상에 한계를 두지 말아야 한다. 그러면서 진정으로 사람들에게 도움이 될 가치들을 찾아야 한다. 그러면 우리는 렉서스를 능가하는 제품과 서비스를 만들어낼 수 있다. 사람들을 어떻게 대해야 하는지도 보다 깊이 깨닫게 된다. 그리고 모든 것을 떠나 진정한 행복이 무엇인지도 설명할 수 있게 된다. 행복은 책에서 보고 배우는 것이 아니라, 자기가 살아가면서 깨닫는 것이다. 그러면 그것은 자신의 것이 된다. 책에서 본 것은 곧바로 잊어버린다. 집필이 본업인 나도 그렇다. 나는 책을 보면서도 배우지만, 그것을 내 삶에 적용함으로써 혹은 다양한 사례들을 내 생각으로 깊이 전개함으로써 온전하게 내 것으로 만든다. 그것이 나의 깨달음과 철학이 되고, 실천을 통해 나의 삶이 된다. 남의 것은 남의 것일 뿐이다. 그래서 책을 많이 보고 생각을 많이 하는 것이 중요하다. 책은 읽는 것이 아니라 생각해야 하고, 덮고 나서도 한참을 생각해야 내 것이 된다. 일단 양이 부족한 사람들은 독서를 많이 해야겠지만, 그럼에도 생각은 중요하다. 생각하지 않으면 내 것이 되지 않는다. 1년에 20~30권 정도의 독서를 하더라도 생각을 많이 하는 사람은 강한 사람이 될 수 있다. 자기만의 철학으로 이 세상을 살 수 있다.

　불안하다면 조금 편하게 지내도록 하자. 그럼으로써 여유를 회복하고 즐거움을 느낄 수 있어야 한다. 그래야 창의성이 나온다. 그래야 진정한 파워가 나온다. 상황을 개혁시킬 모든 생각이 창의적인 생각이다. 창의적인 생각은 새로운 생각이 아니다. 과거의 생각을 변형하고 조합한 생각이다. 창의성은 신화가 아니다. 사용자에 대한 깊은 이해를 바탕으로 한 생각일 뿐이다. 그것은 어려운 것이 아니다. 그 사람이 되어보면 된다. 생각을 넓게 하고, 발상의 한계를 두지 않으며, 자유롭게 생각하면 된다. 그리고 사람을 진심으로 생각하는 마음을 가지면 된다. 자신의 이기심은 버리고, 진정으로 사람들을 미소 짓게 만들겠다는 따뜻한 마음을 가지면 된다. 그리고 놀면 된다. 책을 보더라도 생각을 많이 하면 되고, 자기만의 철학을 갖추면 된다. 불안을 극복하려면 여유와 자유로움을 먼저 누릴 수 있어야 한다. 그러면 상황은 반전되고 창의력이 샘솟게 된다.

만일 어떤 상황에서 불안이 생긴다면 그것은 이해될 수
있지만, 이 불안이 그대의 생활 양식이 되어서는 안 된다.

– 오쇼 라즈니쉬 –

25 내일 지구의 종말이
올 것처럼 오늘을 즐겨라

현재에 집중할수록 불안이 줄어든다

지금 불안 때문에 현재를 놓치고 산다면 삶의 전부를 놓치고 있는 것이다. 삶은 미래가 아니라 현재가 전부이기 때문이다. 미래는 오지 않은 시간이고, 과거는 지나가고 말았다. 우리가 지배할 수 있는 것은 오직 현재 뿐이다. 미래는 현재의 노력으로 좋은 방향으로 변화시킬 수 있다. 즉 현재만을 통제할 수 있고 소유할 수 있다. 그러므로 불안으로 현재를 놓쳐서는 안 된다. 분명한 것은 노력하면 현재의 상황은 달라진다는 것이다. 지금 열심히 하면 어떤 변화는 분명 생긴다.

우리는 지금을 소중히 여겨야 한다. 미루면 안 된다. 지금 해야 한다. 지금 못 하면 아무것도 못 한다. 다이어트를 하는 것도 지금 해야 한다. 지금 당장 식사를 줄여 나가야 한다. 오늘 줄이지 않으면 살은 빠지지 않는다. 그것을 매일 하면 효과는 나타난다. 바로 오늘 행복해야 한다. 행복은 미루는 것이 아니다. 오늘을 희생하며 얻은 행복은 의미가 없다. 내일은 어떻게 될지 모르기 때문이다. 극단적으로 바로 내일 죽을 수도 있다. 그렇지 않다고 확신할 수 있는 사람이 우리 중 누가 있겠는가? 사람은 누구나 불확실한 사건사고에 노출되어 있고, 내일 일이 어떻게 될지 아무도 모른다. 그래서 종교에 기대기도 하고, 점을 보기도 하지만, 확실하게 알 수는 없는 일이다. 결국 오늘이 전부다. 오늘 해외여행 가고 싶으면 가야 한다. 하고 싶은 일을 계속 미루면 마음에 병이 난다. 오늘 나이트클럽 가고 싶으면 신용카드 들고 가서 신나게 노는 것이다. 그리고 마음에 드는 사람이 있으면 말이라도 한마디 붙여보는 것이다. 지금의 행복이 전부라는 사실을 믿으면 사는 것이 편해진다. 불안해할 일도 사라진다. 오늘을 전부로 믿고 살아가기에 온 힘을 다해 살아간다. 쓸데없는 일에 인생을 낭비하지 않는다. 사소한 일은 무시한다. 가장 중요한 본질에 자신의 전부를 바친다.

열심히 살다가 어느 날 암 통보를 받고서 병원에서 시간을 보내는 것보다 슬픈 일은 없다. 하고 싶은 일을 해보지 못 하고, 가고 싶은 곳에 가보지 못 하고 죽는 건 슬픈 일이다. 그렇게 살면 안 된다. 오늘 하는 일이 즐겁지 않다면 그만두어야 한다. 그리고 쉬면서 에너지를 충전해야 한다. 그리고 다시 즐거워질 때 일해야 한다. 일도 즐겁게 해야 한다. 나를 즐겁게 하지 않는 사람은 만나지 말아야 한다. 그런 사람을 만나는 건 인생을 낭비하는 일이기 때문이다. 만약 만나기 싫은데도 계속 만나야 한다면 최소한의 대화만 하면 된다.

오늘이 전부다. 하고 싶은 대로 하면서 살아야 한다. 그래도 뭐라고 할 사람은 없다. 그렇다고 과소비에 빠지거나, 연애만 하거나, 놀러만 다니라는 이야기는 아니다. 오늘을 온전히 즐기라는 이야기다. 자신을 희생하며 살지 말라는 말이다. 불안해하느라 현재를 희생하지 말라는 이야기다. 상식과 교훈이 모두 옳은 것은 아니다. 항상 그 이면을 살펴보아야 한다. 그래서 어떤 주장을 실행할 때는 그 이면에 대한 고려가 필수적이다. "군자(君子)는 대로(大路)"라고 하지만 필요할 때는 샛길로 가야만 한다. 그건 상황에 따라 다른 것이다. 그런 개념으로 현재를 이해하면 되고, 그 정도를 조절하면 된다. 중요한 것은 현재가 삶의 전부라는 사실이다. 미래를 보며 삶을 낭비하면 안 된다는 것이다. 불안해하느라 오늘을 놓치면 모든 것을 놓치는 것과 같다.

인생에서 불쾌감이 든다는 것은 적신호이다. 무언가 변화가 필요하다는 말이다. 현재를 놓치고 있다는 말이다. 불안감이 과도하다는 것도 마찬가지다. 삶에 대한 재조정이 필요한 시간이다. 삶은 어느 정도 '기분파'로 살아야 한다. 기분이 좋으면 다 좋은 것이다. 가끔은 소비도 비합리적으로 하는 것이 필요하다. 언제나 저렴하게 구입하는 것이 좋은 것은 아니다. 내 기분을 좋게 한다면 과소비도 할 수 있다. 물론 감당할 수 없거나, 후회를 남길 것이라면 피해야겠지만, 자신이 필요하다고 느낀다면 하는 것이다. 인생을 장기적으로 볼 때 미래를 위해서 현재의 고통을 참는 능력이 있는 사람이 성공한다고 한다. 그 말은 맞는 말이다. 성공을 위해선 현재의 고통을 이겨내야 하고, 열심히 살아야 한다. 그러나 현재를 지나치게 희생해서 너무 스트레스를 받으면 아무것도 못하게 된다. 그러면 미래에 어떤 결과도 얻을 수 없다. 현재의 고통을 참아서 미래에 대가를 얻는다는 것에는 전제가 있다. 바로 현재의 고통을 즐겁고 행복하게 이겨낼 수 있어야 한다는 것이다. 힘든 일을 스스로 털고 갈 수 있을 정도가 되어야 한다. 그래야 오늘 행복할 수 있고, 내일의 성공도 빛날 수 있기 때문이다. 오늘 희생해서 삶을 파괴하면 미래에 무언가를 얻더라도 그것은 빛으로 다가오지 않는다. 실제로 지나치게 오늘을 희생하며 사는 사람들은 무언가를 반드시 얻어야 된다고 생각한다. 그래서 그것에 지나치게 목숨을 걸고, 집착한다. 자신은 당연히 보상을 받아야 하는 것으로 생각하고, 그것을 한없이 누리려고 한다. 실제로 살아온 과정에서 희생한 것들이 너무 많기 때문에 한(恨)이 쌓여서 기필코 보상을 받으려고 하는 것이다. 그리고 그런 보상이 이루어지지 않으면 억울하다고 생각한다. 그래서 대단히 속물적이고, 이기적으로 변하게 된다. 얼굴을 찡그리게 하는 일을 많이 하고, 욕망의 하수인으로 남게 되며, 비록 성공을 하더라도 어떠한 존경도 받지 못 하는 불쌍한 사람으로 남게 된다. 현재를 희생하며 산 사람의 비극이다. 현재를 희생하며 살면 희망이 아니라 한(恨)만 커질 뿐이다. 성공하더라도 추악한 모습을 지니게 된다. 한없이 보상 받으려고 하고, 결과가 전부라고 생각하며, 주위 사람들을 다양한 형태로 대단히 피곤하게 만든다. 자기를 위한 이기심이 절대적 가치라고 생각한다. 말과 행동이 다른 삶을 살고, 자기밖에 모르는 삶을 살면서도 얼굴에는 철판을 두른 듯 뻔뻔한 말과 행동을 잘도 한다. 이런 사람은 사회의 암적인 존재다. 자기 혼자만 잘 살아서 도대체 무슨 일을 한단 말인가? 이런 한심한!

현재를 희생하고 살면 부정적인 감정이 쌓인다. 주위 사람들에게 낙(樂)이 없다는 말을 즐겨 한다. 자기 안의 감정에 사로잡혀 다른 사람의 기분은 배려하지 않기 때문에 할 수 있는 말이다. 현재를 희생하며 사는 사람에게 삶의 즐거움은 없다. 물론 돈, 지위, 권력 등을 성취함으로써 즐거움을 느낄 수도 있다. 그러나 의미가 약하다. 실제로 일하는 과정에서 겪는 감정이 행복을 결정한다. 사람들과 함께하면서 느끼는 감정, 일을 하면서 느끼는 몰입의 행복감이 중요하다. 그리고 가족과의 관계가 중요하다. 가족과 함께 밥을 먹는 것은 함께 밥을 먹는 것이 아니라 행복을 먹는 것이다. 행복을 공유하는 것이다. 그것은 행복을 살찌게 하고, 두 배, 세 배로 만든다. 또한 중요한 것이 휴식을 잘 하는 것이다. 수시로 여행을 떠나고, 자기만의 방법으로 스트레스를 털어내야 한다. 심심하면 여행을 떠나고 취미활동을 하는 것이다. 그리고 잠도 푹 자는 것이다. 컨디션이 좋으면 "아! 기분 좋다!"는 말이 저절로 나온다. 길을 걸으면서도 "아! 날씨 좋다! 소풍 가고 싶다!"는 말이 나오게 된다. 건강을 위해 운동하는 것도 도움이 된다. 땀을 많이 흘리지 않아도 걷는 것이 좋다. 이렇게 살면 삶이 달라진다. 행복해진다. 과도한 불안은 자연스럽게 사라진다.

생각은 마음가짐의 다른 말이다. 생각을 다르게 가지면, 마음가짐이 바뀐다. 그러면 말도 바뀌고, 살아가는 방식도 바뀐다. 그러면 안색(顔色)도 달라진다. 진중한 무게감이 나오고, 적극적인 자세가 나오며, 자신감이 나온다. 인생은 30년을 희생하고 30년 뒤에 보상을 받는 것이 아니라 '오늘 지금 당장' 보상을 받는 것이다. 사는 것이 흥분되고, 신나야 한다. 지겨움이 없어야 한다. 인생이 신나는 것으로 변화되면 불안은 건강한 불안으로 바뀐다. 불안이 삶을 적극적으로 살아가는 무기가 되는 것이다. 삶은 신나야 한다. 룰루랄라 해야 한다. 길을 걸으면서 혼자서 "아! 신난다! 최고다!" 이런 말을 할 수 있어야 한다. 오늘부터 해보는 건 어떨까? 일을 할 때는 힘을 아껴서 해선 안 된다. 어린 생각에 다음에 더 잘 하기 위해 오늘 대충 일하는 경우도 있는데 그것도 안 된다. 지금 내 모든 것을 쏟아야 한다. 지금 결실을 얻지 못 해도 좋다. 오늘 다 써서 내일 쏟아 부을 것이 없다고 해도 좋다. 내일 또 다시 목숨을 걸면 쏟아 부을 것이 반드시 만들어진다. 그래서 새로운 역사를 써 나갈 수 있다. 오늘 쌓인 스트레스는 오늘 풀어야 한다. 항상 자기만의 놀이법을 만들고, 그것을 활용하는 사람이 되어야 한다. 가족들과 더 가까이 지내고, 가까이 있는 사람들에게 더 적극적이고 따뜻하게 대해야 한다. 그러면 원하는 것이 내게 오게 된다.

우리는 오늘을 즐겁게 사는 방법을 찾고 실행하는 '오늘 연구가'가 되어야 한다. 오늘이 재미있으면 삶은 달라진다. 기분이 달라지기 때문에 세상이 다르게 보인다. 세상에 감정이입(感情移入)이 되면 길가의 가로수도 춤을 추는 것처럼 보인다. 왜냐하면 내 마음이 춤추고 있기 때문이다. 세상은 춤추듯 살아야 한다. 그래서 지나가는 사람에게 "함께 춤추실래요?"라고 이야기를 건넬 수 있으면 좋다. "프리허그 할래요?"라는 이야기를 건네도 좋다. 그것이 곧 내 마음의 상태이다. 세상 모두가 아름답게 보이고, 신나게 보이며, 춤추고 싶을 정도로 어깨가 들썩들썩거리는 것이다. 그야말로 인생을 음악처럼, 댄스처럼 사는 것이다. 인생은 그래야 한다.

인생에서는 신바람이 가장 중요하다. 신명이 나면 안 되는 일도 되게 된다. 신이 나야 일이 된다. 기분이 우울하거나 겁이 나면 될 일도 안 되는 것이 세상일이다. 그러니 항상 재미있고 즐거움을 유지할 수 있어야 한다. "춤바람"이란 춤을 추는 것을 안 좋게 생각해 나온 말이다. 그러나 내가 춤을 추어서 기분이 좋다면 좋은 것이다. 밤마다 "정열의 댄서"로 변하는 삶이란 얼마나 멋진가? 같이 춤을 춘 친구들과 함께 하는 맥주 한 잔의 여유란 얼마나 아름다운가! 우리는 정말 잘살아야 한다. 그러기 위해선 오늘에 모든 것을 쏟아 부어야 한다. 지금부터 찾아보라. 나를 즐겁게 해주는 것들을, 변해야 할 것들을, 집중해야 할 것들을! 오늘을 보면 인생이 달라진다.

26 인생이란
고통과의 정면 승부다

불안을 인정하면 더 이상 불안하지 않다

일이 잘 안 될 때 사람들은 불안해한다. 이럴 때는 불안과 한번 맞장을 뜨는 것이 좋다. 그래서 결판을 보는 것이 좋다. 불안이라는 놈과 씨름 한판 붙는다면 무수히 모래판에 메다꽂힐지도 모른다. 그러나 다시 일어나야 한다. 그래서 다시 붙어야 한다. 그 놈을 쓰러뜨릴 때까지 계속 샅바를 잡고 돌리고 메쳐야 한다. 즉 끝까지 버텨야 하는 것이다. 언제까지? 이길 때까지! 그것이 중요하다. 사업을 하더라도 가장 중요한 것은 빛을 볼 때까지 버티는 것이다. 어떤 사업이든 중간에 힘든 경험들이 반드시 온다. 어떤 사업을 해도 마찬가지다. 중요한 것은 성공을 하고 기반을 잡을 때까지 버티는 것이다. 온갖 다양한 방법들을 다 써보고, 목숨을 걸고 노력해야 한다. "이걸 못 하면 죽는다."는 각오를 가지고 해야 한다. "이것 아니면 안 된다."고 생각하고 절대로 물러서지 말아야 한다. 그렇게 해서 반드시 성과를 보아야 한다. 그런 자세가 있고 없고의 차이가 결국 사업의 성패(成敗)를 결정짓는다. 대부분의 사람들은 성과를 내기 전에 쓰러진다. 1~2년 하다가 포기한다. 그러나 3년이 고비다. 조금 길어져도 5년이다. 그 사이에 목숨을 걸면 틀림없이 변화가 나타난다. 그렇기 때문에 버티고 또 버텨야 한다. 일어서고 또 일어서야 한다.

우리는 싸움꾼으로 인생을 살아야 한다. 고통과 불안과 끊임없이 싸워야 하기 때문이다. 인생은 부조리하며, 이 부조리는 인생을 매우 피곤하게 만든다. 결국 치열한 노력밖에는 답이 없다. 힘들고 불안하더라도 "별 것 아니야."라고 대답하고 다시 싸움을 해야 한다. 우리들의 인생은 평생 동안 고통과 불안이라는 놈과 싸우는 것이며, 터프한 싸움꾼만이 승리할 수 있다.

반드시 설득을 해야 할 사람이라면 설득을 해야 한다. 부모님을 비롯해 아내, 자식 등이 그렇다. 설득이 쉽게 되면 좋지만, 안 되면 역시 시간 싸움이다. 오래 버티면서 설득을 해야 한다. 그러면 된다. 상황이 변해 상대방의 생각이 옳았다는 것이 증명되기도 한다. 어떻게 되든 간에 결론이 나게 되어 있다.

　이것은 불안의 원인을 발본색원(拔本塞源)하는 것으로, 그 본질
과 정면승부로 맞서는 것을 의미한다. 그러나 이것은 힘든 일이
다. 온갖 혹독한 어려움을 온몸으로 받아들이고 이겨내는 수밖
에 없다. 그리고 힘든 일이 있을 때마다 자기 스스로 일상의 재
미를 만들면서 극복해 나가야 한다. 목숨을 걸고 열심히, 더 열
심히 해야 한다. 가끔은 무리를 하는 것도 좋다. 원래 일이란 '섶
을 쥐고 불에 뛰어드는 것'으로 그야말로 폭발시키는 것이고, 활
화산을 만드는 것이다. 미지근하면 안 된다. 완전히 끝장을 내버
려야 한다. "빌게이츠라도 이기겠다."는 각오로 나서야 한다. 준
비하고, 개선하고, 노력하면 반드시 그 수준에 오르게 된다.

　그렇다면 이 과정에서 힘든 경험을 피할 수는 없는 것일까? 그
고통을 없앨 수는 없다. 어떤 방법을 쓰더라도 마찬가지다. 아무
리 편한 길로 가더라도 실제로는 편하지 않으며, 그런 길은 없다
고 해도 과언이 아니다. 결국 버티면서 가야 한다. 그리고 이 버
팀만 잘 한다면 어떤 고비든 넘길 수 있다. 그러나 작은 고통에도
도망간 사람은 번번이 버티지 못 하고, 성공도 못 한다. 불안에도
지고 만다. '고통이 오면 어떻게 하지?'라는 생각을 하기 때문이
다. 실제로 불안이란 "삶의 모든 고통을 기꺼이 받아들일 때" 완
전히 사라진다. 삶의 모든 고통을 받아들이고 감수하겠다고 결
심하는 순간, 근심 걱정할 요소는 없어지기 때문이다. 고통을 온
몸으로 이겨내면 상황은 달라진다. 사업도 자리를 잡을 때까지는

　　　　　　　　　　　　　　　　　　　　　　　

생활비만 벌면 된다고 생각하고 나가야 한다. 만약 생활비를 못 벌 때는 사채라도 써야 한다. 그런 식의 각오라면 어떤 고통이든 이겨낼 수 있고, 사업에서 성공할 수 있다. 삶이란 이렇게 목숨을 걸어야 하는 것이다. 고비는 반드시 오고, 그 고비를 넘기지 못하면 미래는 없다.

"실패하면 자살하겠다."는 정도의 각오 없이 무엇을 하겠는가? 당신은 그런 유서를 쓰고 삶을 사는가? 자기 가슴에 실패하면 죽겠다는 각오를 새기고 살아야 한다. 삶은 그렇게 살아야 한다. 그렇게 살지 않으면 아무것도 이루지 못한다. 하다못해 면장도 안 된다. 목숨을 걸어야 한다. 좋은 밥? 화려한 집? 멋진 차? 그런 것은 다 잊어야 한다. 밥만 먹으면 감사하다고 생각해야 한다. "한겨울에 난방을 안 해도 좋다. 한여름에 에어컨을 켜지 않고 살아도 좋다."고 생각해야 한다. 실제로 이렇게 살아도 절대로 안 죽는다. 도대체 인간이 버티지 못 할 고통이란 무엇인가? 희망을 품을 수 없는 삶이란 없다. 유대인은 아우슈비츠에서도 살아남았다. 식사도 형편없이 제공되고, 일을 못 하면 독가스실로 보내졌으며, 수시로 폭력이 행해지는 희망이 전혀 없던 공간에서도 살았던 사람들이다. 그것이 바로 정신의 힘이다. 어떤 배경이나 육체의 강인함이 아니었다. 인간은 누구나 한 번 살다가 죽는다. 두 번 살지 않는다. 목숨을 걸고 도전해서 상황을 크게

바꾸고 나면 전혀 다른 인생이 펼쳐진다. 우리는 매순간 가슴 속
에 유서를 품고 살아야 한다.

소설가 이외수는 현재 경제적으로 풍족하게 살고 있다. 사회
적인 존경도 받고 있다. 사람들은 그가 어떻게 오늘에 이르렀는
지는 모른다. 그에겐 실력이 있었다. 자신만의 독특한 문체를 필
사적으로 개발했으며, 목숨을 걸고 글을 썼기 때문이다. 실제로
그는 빈털터리 상태에서 서른 살에 결혼했다. 그에게 원고청탁
을 하는 출판사는 전무했다. 결국 엄청난 가난에 직면했고, 그것
은 현실이었다. 그의 장모님은 펑펑 울었다. 당신의 딸이 고생
하는 것이 안타까웠기 때문이었다. 이외수는 면목이 없었다. 결
국 이외수는 유서를 쓰고 떠난다. "목숨을 걸고 소설을 써서 성
공할 테니, 만약 아무런 소식이 들리지 않으면 죽은 것으로 알
고 남은 자식들을 잘 키워 달라."는 취지의 편지였다. 실제로 그
는 소설로 성공하지 못 하면 죽을 각오였다. 그에게는 "문학이
결국은 자신을 구원할 것"이라는 종교적 믿음과 확신이 있었다.
지독히도 가난했던 그는 폐교에서 글을 썼다. 한겨울 밥그릇에
담아둔 밥은 꽁꽁 얼어서 먹을 수가 없었다. 그는 못으로 언 밥
을 깨가면서 먹었다. 언 밥을 계속 먹으니 속이 시리고, 목구멍
으로 넘어가지 않았다. 그러나 꾸역꾸역 억지로 먹었다. 먹지 않
으면 글을 쓸 수 없었기 때문이다. 결국 그는 성공한다. 창녀촌

을 지나다가 창녀와 이야기를 나누게 되었고, 그것에서 모티브를 얻어 소설을 쓰게 된 것이다. 창녀들의 도움으로 그녀들이 생활하는 방에서 글을 썼던 것이다. 소설은 성공했고, 영화화까지 되었다. 이외수, 그도 목숨을 거는 비장함을 통해서 감동을 이끌어냈던 것이다. 목숨을 걸어야 한다. 안 되면 죽겠다는 각오를 해야 한다. 물러서지 않을 곳에서는 물러서지 말아야 한다. 그런 투지와 비장함이 결국은 인생을 근본적으로 변화시킨다.

삶이란 만만한 것이 아니다. 특히나 평범한 우리들의 삶은 더욱 더 그렇다. 우리가 삶을 한탄하고 있는 동안 시간은 쏜살같이 흘러간다. 그러나 성공하는 사람은 다르다. 한탄만 하고 있지 않는다. 자신의 삶을 반드시 변화시킨다. 목숨을 걸고 버팀으로써 기적을 만들어낸다. 그리고 끝내는 자신을 넘어 이 세상까지 구원한다. 우리는 그런 '메시아적인 삶'을 살아야 한다. 이 세상을 변화시키는 삶을 살아야 한다. 자신을 넘어 이 세상까지 변화시키는 '수신제가치국평천하의 삶'을 구현해야 한다. 의지만 있다면 불가능한 일이 아니다. 지금부터는 물러서지 않는 팽팽함을 인생에 불어넣어야 한다. 지금 힘들더라도 조금 더, 조금 더 해야 한다. 미쳐야 한다. "이것 아니면 죽는다."는 생각으로 임해야 한다. 피곤함 따위는 잊어야 한다. 정 피곤하면 푹 자고 최고의 컨디션으로 예술적으로 일해야 한다. 최고의 경지로 끌어

올려야 하고, 최고의 결과를 내야 한다. 할 수 있다. 어렵지 않다. 그렇게 믿고 가야 한다.

　인생은 고통과의 정면 승부로 만들어가는 것이고, 이 승부에서 이길 때 진정한 자유가 찾아온다. 끊임없는 혁신과 파괴로 자기의 잠재능력을 계속 끄집어내야 한다. 그 다음은 각오의 문제다. 이것 안 되면 죽겠다는 생각으로 가는 것이다. 음식점을 한다면 최고의 음식을 만들어야 한다. 만약 차별성이 약하거나 마케팅을 많이 할 수 없는 상황이라면, 박리다매(薄利多賣)로도 승부해야 한다. 어떻게든지 자신만의 길을 만들어내고, 수년 내로 자신만의 깃발을 대한민국의 심장부에 꽂아야 한다. 그렇게 결과를 만드는 사람, 불안과 정면 승부 하는 사람, 자신만의 세상을 창조하는 사람으로 우뚝 서야 한다. 이 세상을 만만하게 여기지 말고, 편하게 살려고 하지 말고, 정말로 열심히 독하게 살아가는 사람이 되어야 한다. 인생은 결국 정면 승부다. 마지막까지 버티는 사람이 승자가 된다.

 최악의 경우,
당신이 잃을 것은 무엇인가?

불안은 항상 부풀려져 있다

모든 것을 잃는 건 힘든 일이다. 밑바닥부터 시작하는 상황은 막막하고, 눈물이 난다. 이 세상에 욕을 퍼붓고 싶고, 이 세상을 폭파시켜버리고 싶은 심정이 된다. 그러나 원망해도 이 세상은 달라지지 않는다. 결국은 어떻게든 이 상황을 극복해야 한다. 그리고 실제로 노력하면 상황은 완전히 달라진다. 불안은 무언가를 잃을 것이라는, 더 나아가서는 완전히 제로에서 출발해야 한다는 것에 대한 두려움이다. 우리는 모든 것을 잃고 새 출발하는 것을 두려워하지만, 막상 그런 상황이 되어서 해보면 그렇게 어렵지 않다. 그때는 이런 말을 하게 된다. "지금보다 더 힘들기야 하겠느냐. 한번 해보자." 실제로 극복하지 못 할 어려움은 없다. 먹고 살 수만 있다면 기회는 열리는 것이다. 월세를 살든, 알바를 하든 그런 것은 아무 상관없다. 공장의 생산직으로 근무해도 정신만 차리면 기회는 열린다. 그 속에서 독하게 저축하고, 틈틈이 책을 보고, 나중에 어느 정도 모이면 장사를 배워서 시작하는 것이다. 요즘 자영업자들은 창업을 두려워한다. 그러나 성공하는 사람은 한다. 어디를 가더라도 틈새는 있다. 음식만 잘 만들면 식당 영업은 걱정할 필요 없다. 돈을 어느 정도 모아서, 주방의 밑부터 구르면서 몇년만 배우면 내 가게를 가질 수 있고, 사장으로서 초기 3년의 벽을 돌파해 기반을 닦으면 불과 10년 내에 확고한 위치에 오르게 되는 것이다. 제로 상황에서도 마음만 강하게 먹고, 열심히 살아가면 성공은 열리고도 남는다.

　제로에서 시작하는 삶은 생각보다 어렵지 않다. 사람은 전쟁 중에도 살아간다. 그러나 사람은 편해지면 한없이 상황을 탓하게 된다. 지금 뛰느라 죽을 것 같이 허덕이던 사람을 천천히 걷게 했더니, 그냥 서 있고 싶다고 하고, 끝내는 눕고 싶다고 말하는 것과 같다. 42.195Km도 마음만 먹으면 뛸 수 있지만, 누워 있어도 피곤해 죽겠다고 말하는 것이 사람이다. 그것은 몸의 문제가 아니라 정신의 문제다. 정신이 죽으면 몸도 따라서 죽는다. 몸은 껍데기일 뿐이다. 물론 육체적 건강은 매우 중요하지만 아무리 몸이 건강해도 정신이 건강하지 못하면 자살을 선택한다. 20대 청년이 몸이 건강하지 않아서 자살할까? 그것은 절대 아니다. 정신

　　　　　　　　　　　　　　　　　　　　　　불안하다면

이 이미 죽었기 때문이다. 정신을 따라가는 것이 몸이다. 몸이 건강하고 외모가 화려해도 정신이 죽어 있는 사람, 열정적으로 살려는 의지가 없는 사람, 겉멋만 든 사람은 궁극적으로 삶의 의미를 만들어내지 못 한다. 별 볼일 없는 삶을 살아가고, 계속 주위 사람을 괴롭힌다. 명품을 사느라 파산하고, 주위 사람까지 파산하게 만든다. 그래서 모두의 외면을 받게 되고, 끝내는 쓸쓸한 삶을 살게 된다. 그런 사람들이 많다.

제로에서의 삶은 몸이 힘든 것을 감수하면 된다. 그것만 받아들이면 다 해결되는 것이다. 실제로 생각보다 쉬운 것이 제로에서의 삶이다. 아파트에서 살지 않고 단독주택에서 살면 되고, 그것도 안 되면 고시원에서 살면 된다. 자동차를 타지 않고 버스나 지하철을 이용하면 된다. 남의 눈을 의식하느라 브랜드 제품을 구입하지 않으면 된다. 삶의 희망과 즐거움은 돈이 많기 때문에, 펑펑 쓰기 때문에, 편하게 살기 때문에 가질 수 있는 것이 아니다. 삶의 희망은 노력 속에서 나오고, 자신에 대한 믿음에서 나오며, 경건하게 수양하듯 사는 삶 속에서 나온다. 삶의 자존감도 마찬가지다. 어떤 조건을 가지고, 어떤 물건을 가지고, 어떤 위치에 이르게 되었다고 해서 가질 수 있는 것이 아니다. 남들이 인정하기 때문에 가질 수 있는 것이 아니다. 그것은 바로 자신의 삶을 그저 믿을 때 가질 수 있는 것이다. 아무것도 가지지 않았더라도,

남들이 인정하는 직위에 있지 않더라도 자존감은 생기는 것이다.
그리고 자존감이 있는 사람은 누구를 만나더라도, 어디에 있더라
도 당당하고 자신감이 넘친다.

　삶이 힘들다고 불평하면 안 된다. 삶이란 원래 힘든 것이다. 그
것을 부인할 수도, 없앨 수도 없다. 그래서 그런 것에 불평불만
하지 말고, 인생을 수양하듯이 열심히 살아야 한다. 인생은 결국
정신 수양을 하는 것이기도 하다. 실제로 어떤 일이든 일가(一家)
를 이룬 사람은 이미 정신적으로도 수양자의 반열에 올랐음을 확
인하게 된다. 그 사람은 자신만의 철학이 분명하고, 고통을 이겨
내는 분명하고도 확실한 비법을 가지고 있다. 그리고 고통을 피
해서 도망가지 않는다. 확실하게 고통을 극복하고, 그 결과 자신
이 원하는 삶을 당당하게 살아간다. 열심히 살면 정신 수양이 된
다. 어떤 깨달음이 오고, 사람을 대할 때도 온유한 마음으로 대하
게 되며, 소유에 대해서도 초연한 마음을 지니게 된다. 그러면서
감동을 느끼고, 즐거움을 느끼며, 높은 성과를 얻게 된다. 그러고
보면 인생을 사는 방법은 단순하다. 열심히 살면 되기 때문이다.
나의 입으로 '정말로'라고 당당하게 말할 수 있을 정도로 살면 되
는 것이다.

　요즘 사실상 제로에서 출발하는 삶을 사는 젊은이들이 많다.

　　　　　　　　　　　　　　　　　　　　　　　

부모에게 물려받은 재산이 거의 없기 때문이다. 그러나 이것을 오히려 좋다고 생각하자. 정말로 열심히 함으로써 큰 깨달음을 얻고 진정한 수양을 이룰 수 있기 때문이다. 외부적 환경이 열심히 하지 않으면 안 되는 상황이기 때문에 우리는 이를 십분 활용할 수 있는 것이다. 해야 할 상황에 서게 되면 인간은 누구보다 강해진다. 극단적인 상황에 몰린 사람은 눈빛마저도 달라진다. 나는 고등학교에서 교련이라는 과목을 배웠다. 그때 교련 선생님은 베트남전에 참전(參戰)했던 분이셨다. 선생님은 이런 말씀을 하셨다. "아침이 되면 국기에 대한 경례를 했다. 그때 동료들의 눈빛은 누구보다 진지했다. 그리고 잠들 때까지 모든 동료 군인들의 눈은 반짝반짝 빛이 났다. 언제 어디서 총알이 날아올지 모르기 때문이었다. 항상 긴장이 되어 정신을 차리지 않은 순간이 없었다." 전쟁 상황에서 정신을 안 차리면 죽게 되어 있다. 눈빛이 빛나지 않는 것은 이미 죽음을 예약한 것이나 다름없는 일이다. 그것은 시간 문제이다. 결국 강한 정신을 지닌 사람, 눈빛이 살아 있는 사람은 전쟁에서 살아남는다. 사회에서도 똑같다. 정신이 살아 있는 사람은 성공한다. 제로의 상황에서도 기반을 만들어낸다. 그러고 보면, 다 하기 나름이다.

제로의 상황이라고, 전쟁이라고 불평하면 안 된다. 목숨을 걸고 가면 된다. 긴장을 하고 허리띠를 단단히 졸라매고 살면 된다.

언제나 길은 있다. 찾아보면 나타나게 마련인 것이 길이고, 인생이다. 따라서 실망은 금물이다. 돌진하고, 길을 만들어내며, 반드시 일어서야 한다. 그런 각오라면, 지금 두려워할 일은 없다. 사실 현재가 완전한 제로상황은 아니기 때문이다. 비 피할 집이 있고, 몸이 건강하고, 빚이 없고, 얼마간의 돈을 벌고 있다. 이만하면 최고의 조건을 갖춘 것이 아닌가? 이제 단 하나, 강한 마음만 있으면 된다. 이 마음을 가지고 어려움을 이겨내는 일만 남았다. 노력하면 결국은 길을 만들어낼 수 있다.

제로상황을 감내하겠다고 마음먹는 순간, 다른 길이 펼쳐진다. 지금 상황에 오히려 감사하게 된다. 그리고 두려워할 것이 아예 없게 된다. 그래서 물러서지 않는 불퇴전의 용사가 된다. 상황은 얼마든지 마음의 힘으로 극복할 수 있다. 삶의 고통을 받아들이고 그것을 이겨내면 된다. 이겨내고 못 이겨내고는 결국 내 몫이다. 하면 된다. 불안해할 일은 없다.

힘들 때는 적절하게 스트레스를 풀면 된다. 맥주 한 잔 마셔도 좋고, 게임을 해도 좋다. 춤을 춰도 좋고, 책을 읽어도 좋다. 그렇게 충전을 하고 다시 앞으로 가면 된다. 그렇게 전진하면, 결국 길이 만들어지는 것이 인생이다. 극복하지 못 할 어려움은 없다. 매너리즘에 빠지지 말고, 우울증에 걸리지 말고, 불안한 생각에 빠져 있지 말자. 끊임없이 행동하고, 새로운 가능성을 만들자.

열심히 노력하면 쥐구멍에도 볕들 날이 온다. 지금의 상황을 인정하고, 그것을 바꾸기 위해 미치는 순간 미래는 열린다. 제로가 되더라도, 삶의 희망이 전혀 없다고 느껴지는 순간이라도 절대로 실망하지 말아야 한다. 이 세상에 극복하지 못할 두려움은 없다. 두려움과 불안에 지고, 고통을 이겨내지 못 한다면 미래는 없다. 어떤 희망도 없다. 무엇도 만들어낼 수 없다. 내 인생은 그대로 끝나고 만다. 지금 당장 한강으로 가야 하는 것이다. 그렇게 살기에는 너무 억울하지 않은가? 힘을 내고 내 주먹을 쳐다보아야 한다. 신발끈을 동여매고 앞으로 뛰쳐나가야 한다. 땀이 나면 손수건으로 닦고 다시 뛰어야 한다. 쉬고 싶으면 잠시 카페에서 충전하고, 비타민 공급이 필요하다면 오렌지 주스도 마셔야 한다. 그 상황이 어떤 상황이더라도 극복할 수 있는 것이 인간이고, 바로 나 자신이다. 인생은 포기하는 순간 모든 것이 끝나게 된다. 이 세상은 내 마음에 따라 살벌한 곳이 되기도, 아름다운 곳이 되기도 한다. 내가 고통을 받아들이고 열심히 생활하면 세상은 아름다운 곳이 되지만, 노력하지 않으면 어떤 성과도 얻을 수 없기 때문에 살벌한 곳이 된다. 그리고 끝내 삼류의 삶을 살게 된다. 지금도 도시의 네온사인은 밝게 빛나고 있다. 화려하다. 길을 걷다 보면 아름다운 풍광들이 펼쳐지고 있다. 그것을 온전히 즐기면서 살도록 결정하는 것은 그 누구도 아닌 바로 나 자신이다. 바로 나의 마음가짐과 노력이다. 불안해만 하고 있어선 안 된다. 다시 시작해야 한다. 비록 제로상황이더라도 얼마든지 극복할 수 있는 삶이다. 베트남 전쟁에 가도 눈빛이 반짝반짝 빛나면 살 수 있다. 죽었다 생각하고 3년만 참으면 인생은 완전 달라진다. 한번 해보자. 해보면 그 진가를 알게 될 것이다. 고통을 받아들이고 뜨겁게 노력하는 것의 놀라운 힘을! 인생은 놀라움의 연속이다. 논두렁에서 나라까지 건설한 사람도 있으니 말이다! 술집 종업원에서 대통령 영부인까지 된 사람도 있으니 말이다! 다 자기 하기 나름이다!

 불안하다면 걷고,
땀 흘리고, 햇볕을 쬐어라
불안은 생생한 에너지에 약하다

힘들 때는 참는 것이 능사가 아니다. 힘들면 어떻게든 풀어야
한다. 힘든 것을 풀려면 그것에 몰입해서 정면 승부를 하는 것이
필요하고, 그렇게 하려면 마음이 건강해야 한다. 즉 목숨을 걸고
한판 붙어볼 수 있는 마음의 힘이 있어야 하는 것이다. 대개 불안
한 사람들은 지쳐 있는 경우가 많다. 그래서 제대로 해볼 의욕조
차 없다. 이런 상황에서는 일단 어디로라도 떠나보는 것이 좋다.
그러면서 온몸을 땀으로 흠뻑 적시고, 새로운 것들을 보면서 머
리에 신선한 산소를 공급해야 한다. 그러면 생기(生氣)가 돈다. 차
를 타고 편하게만 여행하지 말고 땅의 촉감을 느끼며 걸어보고,
촉촉한 땀을 흘리며 몸을 깨워야 한다. 그리고 햇볕을 쬐고, 새로
운 세상을 마음껏 음미해야 한다. 세상을 살아갈 수 있는 생생한

잘되고 있는 것이다

에너지를 마음에 공급해야 한다. 그래서 내 마음이 불안이라는 늑대와 싸워 이길 수 있도록 만들어야 한다.

　사람들은 여행은 돈이 없으면 못 하는 것으로 생각한다. 그러나 여행 가도 망하지 않는다. 미래에 대한 공포로 현재를 잠식하는 사람들은 자신을 위해 돈을 쓰는 것을 잘못된 행동이라고 생각한다. 그러나 그것은 자신을 믿지 않는다고 고백하는 것과 같다. 돈이야 자기가 열심히 하면 얼마든지 벌 수 있는데, 그것을 온전히 믿지 못하기 때문에 쓰지 못 하는 것이다. 그래서 자신을 마치 노예처럼 학대하는 것이다. 세상의 즐거움을 탐하면 마치 아담이 선악과를 따먹은 것처럼 생각하고, 하나님의 계율을 어긴 것으로 생각하는 것이다. 자기를 풀어주어야 한다. 아브라함 링컨은 노예해방을 선언했다. 우리는 지금 당장 노예로 살고 있는 본인에게 해방을 선언해야 한다. 노예에서 자유인으로, 죽은 사람에서 산 사람으로, 미래에 저당 잡혀 있는 삶을 현재를 살고 있는 삶으로 되돌려야 한다. 진정으로 자신을 사랑하는 사람은 돈을 쓴다. 소비를 하고, 자기를 위해서 투자한다. 나는 지금까지 모아둔 돈을 대부분 책을 사는데 사용했는데, 다른 사람들은 이해를 하지 못 했다. 그러나 나는 책이 나를 구원할 것이라고 확신했다. 어떤 것을 믿으면 온전히 나를 버릴 수 있고, 온전히 나를 잊을 수 있다.

　한 번은 새벽 3시경에 전한길 선생님으로부터 문자를 받았다. 지금 동네 산에 있는데 안 자고 있으면 보자는 내용이었다. 나는 전화를 끊고 동네 산으로 뛰어갔다. 산 입구까지는 약 15분 정도가 소요되었다. 산을 오르기 시작했다. 새벽 3시의 산은 너무 캄캄했다. 잘 보이지 않았고, 인적이 드물었기 때문에 겁이 났다. 계속 가도 선생님은 보이지 않았다. 나는 안 되겠다 싶어서 웃통을 벗고, 뛰기 시작했다. 거의 산의 끝에 이르러서 선생님을 만날 수 있었다. 솔직히 너무 무서웠지만 선생님이 있을 것을 믿고 뛰었던 것이다. 선생님은 나를 만나고 무척 반가워하셨다. 그리고 그런 말씀을 하셨다. "그 대상을 믿는다면 어둠 속이라도 달릴 수 있다. 앞이 전혀 안 보여서 겁이 나고 두렵지만, 그 대상을 진실로 믿는다면 온몸을 맡길 수 있다. 무모해 보이지만 진정으로 믿는다면 용기를 발휘할 수 있는 것이다." 나는 고개를 끄덕이며 깊이 수긍했다. 새벽 3시에 산 속이라니, 그것도 웃통을 벗고 뛰다니 한마디로 정신이 나간 행동이지만, 선생님을 믿기에 할 수 있었던 것이다. 여기에는 삶의 진실이 숨겨져 있다. 그것이 무엇이든 깊이 믿으면 어떤 두려운 상황이라도 이겨낼 수 있는 것이다. 낙하산을 믿으면 하늘에서도 뛰어내릴 수 있다. 자신을 믿으면 온전한 휴식과 마음을 즐겁게 하는 여행을 할 수 있다. 언제든 다시 시작할 수 있다는 믿음이 있기 때문이다. 믿지 못하는 자는 환한 불빛 속에서도 두려워하지만, 믿는 자는 칠흑 같은 어둠 속에서 두려워하지 않는다. 그것이 삶의 진실이다.

우리는 자신을 믿어야 한다. 자신을 믿고 나서야 한다. 그래서 힘들 때는 여행을 떠나고, 쉬고 싶을 때는 쉬고, 일하기 싫을 때는 하지 말아야 한다. 충분히 충전을 한 다음 전쟁터로 가야 한다. 그래서 승리자로 태어나야 한다. 전쟁에서 승리하는 군대에겐 승리 후에 충분한 보상과 휴식이 제공된다. 그래야 병사들은 힘을 얻는다. 그런 군대만이 사기(士氣)가 충천하며, 어떤 전쟁이든 승리할 수 있다. 사람이 힘이 빠지면 아무것도 못 한다. 의욕을 낼 수 없기 때문이다. 그런 상황 속에서는 무엇도 이룰 수 없다. 그럴 때는 무조건 멈추어야 한다.

우리는 인생이라는 전쟁터에 선 장수이다. 그래서 인생을 승리로 이끌어야 할 사명을 부여받은 존재들이다. 우리는 이길 수 있는 전쟁에만 나서야 한다. 질 것 같은, 질 수밖에 없는 전쟁에는 나서지 말아야 한다. 전쟁에서 이기기 위한 방법은 여러 가지가 있지만, 일단 자기의 마음이 즐겁고 행복하며 어떤 것이든 재미있게 할 수 있어야 한다. 그것이 절대적으로 중요하다. 몇 번이나 이야기했지만 마음이 죽으면 몸도 죽는다. 정신이 가버리면, 스트레스 때문에 힘들면, 불안에 지쳐 의욕을 상실하면 아무것도 못 한다. 그때는 모두 제치고 떠나야 한다. 떠나면 많은 깨달음을 얻게 된다. 열심히 사는 사람들을 보며 힘을 얻게 된다. 맛있는 음식을 먹게 되면 힘이 난다. 여행에서 돌아오면 한 번 해봐야겠다는 의욕이 생겨난다. 그때 시작하면 된다.

불안이란 결국 어떻게 극복하느냐의 문제로 귀결된다. 결국 마지막은 불안을 때려눕혀야만 한다. 그렇게 하기 위해서는 마음의 힘을 불러일으켜야 한다. 좋은 환경에서 마음을 충전하고 기분을 바꾸면 좋겠지만, 열악한 현실 속에서도 헝그리 정신을 꽃피워야 한다. 불안은 다양한 방법으로 없앨 수 있다. 휴식을 하거나 일하는 방법을 달리할 수도 있고, 다양한 계기를 만들어서 기분을 좋게 만들 수도 있다. 그러면 기분 전환이 되고, 불안은 사라지게 된다. 그리고 마지막은 목숨을 걸고, 피터지게 싸워야 한다. 만약 여행할 형편이 되지 않는다면, 시내버스를 타고 시내를 한 바퀴 돌기를 바란다. 음료수 한 병과 스낵과 초콜릿 하나를 넣고 소풍을 떠나기를 바란다. 그냥 한 바퀴 돌고, 아무 곳에서나 내려 잠시 걷고, 그곳에서 과자를 먹고 집으로 돌아오면 된다. 인증 샷을 찍는 것도 좋다. 나중에 멋진 추억이 될 테니 말이다. 그렇게 하면 분명 기분이 달라진다. 그 다음날부터 목숨을 걸면 되는 것이다. 입에서 단내가 풀풀 나고, 머리가 아파도 두통약을 먹고 결판을 볼 때까지 하는 것이다. 그렇게 해서 극복하는 것이다. 나도 어떨 때는 햄버거를 여러 개 사놓고 집밖에 나가지 않고 글을 쓴다. 3일 정도 집밖을 나가지 않으면 책 한 권이 완성되기도 한다. 어떨 때는 책상에 48시간 정도 앉아 있을 때도 있다. 그렇게 하면 틀림없이 결과가 나온다. 이렇게 하기 위해서는 자신만의 방법으로 스트레스를 없애야 한다. 집에서 일하기 싫다면, 한 장소에서 일하는 것이 지긋지긋하면 집을 완전히 떠나서 다른 곳에서 일하는 것이다. 회사에서 일하는 사람도 윗사람을 잘 설득하면 될 수 있다. 만약 안 된다면 다른 기분으로 일할 수 있도록 책상을 꾸며 보는 것도 좋다. 음악을 들으면서는 일을 못 한다고 하지만, 색다른 기분을 느끼게 해준다. 맛있는 것을 항상 옆에 두는 것도 좋다. 예를 들어 카페에서 사온 커피들을 책상에 놓아 두고 마시면서 일하는 것이다. 나도 카페에서 구입한 커피 6잔을 마시면서 글을 쓴 적이 있다. 4잔은 아메리카노였고, 2잔은 카페라떼였다. 기분이 안 좋을 때 맛있는 것을 먹거나, 차를 마시면 기분이 좋아진다. 그러면 능률이 올라간다. 자신의 기분을 좋게 만드는 것이 무엇인지 알고, 그것에 집중해서 자신의 기분을 반전시키는 사람이 현명한 사람이다. 스스로 지치지 않도록 동기부여를 하는 것이다. 이런 사람은 강하다. 인생은 이렇게 살아야 하고, 마음도 항상 이래야 한다. 그러면 불안이 건강한 불안으로 바뀌고 성과도 최고가 된다. 아울러 몸의 건강도 최고로 유지된다.

삶은 온전히 자신의 것이어야 한다. 자기를 위한 것이어야 하고, 가장 먼저 본인이 행복해야 한다. 본인은 불행하면서 타인만 기쁘게 하는 삶은 반드시 파국(破局)을 맞게 된다. 그런 삶은 자신을 기만하는 삶이다. 우리가 사는 이유는 무엇인가? 행복하고, 즐겁기 위해서다. 내가 없으면 그 어떤 삶도 의미가 없다. 그래서 우선은 내가 만족해야 한다. 내가 하고 싶은 것을 해야 한다. 언제나 포기할 수 없는 선은 있게 마련이다. 그 선은 양보하지 말아야 한다. 지금부터 "삶은 ~해야 한다."는 생각은 버리도록 하자. 그리고 삶을 마음대로 살아보자. 그래야 극심한 불안도 사라지고, 진정으로 인생을 내 것으로 살아갈 수 있게 된다.

삶의 진리는 멀리 있지 않다. 나를 아껴주는 삶을 살면 되고, 내 마음이 행복한 선택들을 하면 된다. 나를 희생하며 노예처럼 학대하지 않으면 된다. 그런 삶을 살아가면 어떤 문제도 발생하지 않는다. 자신을 온전히 믿으면 무엇이든 할 수 있다. 고통에 정면으로 맞서면 무엇이든 두렵지 않게 된다. 모든 일은 하기 나름이다. 그리고 다 할 수 있다. 그렇기 때문에 용기를 잃지 말고 온 힘을 다해서 자신을 사랑해야 한다. 힘들 때는 여행을 떠나자. 자신을 해방시키자. 그래서 다시 전투에 나설 수 있는 힘을 회복하자. 이 세상의 모든 불안은 새로운 마음, 뜨거운 마음으로 맞서면 해결된다. 그러면 모든 것이 달라진다.

중용적 불안으로
담대하게 나아가라

불안은 본질적으로 중용적이어야 한다. 극단적인 불안과 극히 미미한 수준의 불안 사이에 있어야 한다는 말이다. 우리는 적절한 수준의 불안을 항상 지니고 살아야 한다. 건강한 불안을 통해서 열심히 살아가야 한다. 늘 긴장을 해야 하고, 이 긴장감과 위기의식으로 삶을 굳건하게 지켜나가야 한다. 항상 만사태평으로만 살면 더 큰 문제가 생긴다. 그것이 삶의 진실이다. 역사적인 진실이다. 국가도 만사태평으로 지내고 전쟁을 대비하지 않으면 문제가 발생한다. 비가 내리고 태풍이 오는 것이 자연의 이치이다. 그것이 없으면, 자정작용이 일어냐지 않고 결국 환경이 오염된다. 우리들의 삶에 불안은 항상 존재해야 한다. 불안이 없으면 삶은 썩고 만다. 우리들은 불안을 반겨야 하고, 마치 애인처럼 뜨겁게 껴안아야 한다. 그래서 불안과 사랑을 나누어야 한다. 불안은 우리에게 위기의식을 심어주고, 이로 인해 삶을 안전하고 굳건하게 살아가도록 해주니까 말이다.

그러나 극심한 불안은 경계해야 한다. 그것은 우리를 파괴로 이끌고, 우울증에 걸리게 하며, 끝내는 파멸로 이끌기 때문이다. 이때에는 기분을 좋게 하고, 마음을 달리 가져, 인생의 어떤 변화를 이끌어내야만 한다. 인생에서 해야 할 일은 반드시 완수해야 한다. 강제성을 갖는 것이다. 그러니 힘을 내서 해내도록 노력해야 한다. 그렇게 태산을 넘으면 평지가 나타난다. 큰 고비를 넘기면 편안해지는 것이다. 그러나 곧바로 다시 위기가 오는 것이 인생이다. 위기의식을 놓지 말아야 하고, 항상 긴장해야 한다.

우리는 불안이 싫다. 피곤하고 힘들기 때문이다. 그러나 이제부터는 "지금 불안하다면 잘되고 있는 것이다."라고 생각해야 한다. 그리고 이 불안으로 인해 내가 열심히 살아가고 있음을 깨달아야 한다. 만약 불안이 없었다면 이토록 열심히 하지 않았을 것이다. 불안은 내 삶을 지키는 굳건한 반석(盤石)이다. 열심히 일하고 즐기면서 살자. 항상 피곤한 삶은 자신을 죽이는 삶이다. 그런 삶에는 재미가 없다. 즐거움도 없다. 그러니 낙(樂)이 없다는 말을 달고 산다. 자신도 죽이고, 타인도 죽이는 삶이다. 지켜보는 사람도 힘이 빠지기 때문이다. 그래서 무엇보다 재미를 회복하는 삶을 살아야 한다. 자신을 풀어주어야 하고, 휴식을 잘해야 하며, 일도 재미있게 해야 한다. 그래서 신명을 회복해야 한다. 신바람이 나게 되면 일도 투지만만하게 할 수 있다. 그리고 목숨을 걸고 일하면 틀림없이 어떤 변화가 일어난다. 변화가 일어나지 않는다면 변화가 일어날 때까지 버텨야 한다. 그래서 반드시 변화를 확인해야 한다. 그래서 삶의 희망을 불어넣어야 한다. 그렇게 삶을 아름다운 것으로 변화시키고, 해볼 만한 것으로 만들어야 한다. 그리고 끝내는 이 세상을 아름답게 만드는데 힘을 보태야 한다. 그 삶이 바로 '수신제가치국평천하'의 삶이다.

수많은 사람들이 불안해하며 사는 것이 오늘의 현실이다. 그러나 그것은 모두 마음먹기 나름이며, 어떤 경우에도 희망을 가질 수 있는 것이 삶이다. 내가 그렇게 마음을 가지면 실제로 그런 것이다. 또, 고통에 맞서면 불안해할 일이란 존재하지 않기 때문이다. 실제로 우리들은 불안해 할 필요가 없다. 삶의 모든 것을 순순히 받아들이고, 고통이나 쓴맛마저 겸허히 인정할 때 우리는 새로운 세상과 조우하게 된다. 그리고 강한 자로 태어나게 된다. 최선을 다하면 이루지 못 할 일이 없으며, 지금의 삶에서도 행복은 차고 넘친다. 지금 이 순간에도 아름다운 음악은 곳곳에서 울려 퍼지고 있고, 아름다운 자연은 최고의 풍광을 자랑하며 그 자리에 그대로 있다. 다만 내가 느끼지 못 할 뿐, 세상은 여전히 아름답게 존재하고 있는 것이다. 이제 내 마음을 바르게 가질 때이다. 이 세상의 아름다움을 있는 그대로 바라보고, 그 아름다움과 하나 되어 아름답게 살면 된다.

　인생은 결국 조였다 풀었다를 반복하는 과정이기도 하다. 열심히 할 때는 미쳐야 하고, 놀아야 할 때는 한량의 뺨을 칠 정도로 잘 놀아야 하기 때문이다. 무아지경으로 몰입하면서 예술적인 경지까지 일을 끌어올려야 한다. 그러면 최고의 삶을 살게 된다. 재미, 즐거움, 행복, 성과 모든 것을 얻게 되기 때문이다. 불안은 우리로 하여금 "어떻게 살아야 하는지"를 묻게 한다. 그리고 우리가 어떻게 살아가야 하는지에 대한 답을 얻게 한다. 그러니 "불안"에게 감사해야 한다. 이제 우리는 불안을 정면으로 응시하고, 아름다운 동행을 해야 한다. 우리는 그렇게 할 수 있는 방법들을 모두 알았다. 불안은 더 이상 과거의 불안이 아니다. 극심한 불안은 건강한 불안으로 바뀌었고, 얼마든지 극복할 수 있는 대상이 되었기 때문이다.

　우리가 이겨내지 못 할 어려움은 없다. 우리는 모두 할 수 있다. 지금부터는 실행이다. 일상의 즐거움을 만들어내고, 최선을 다하는 것이다. 항상 긍정적으로 세상을 보고, 모든 일을 좋게 해석하는 것이다. 내 마음이 하고 싶은 대로 사는 것이다. 무엇보다 나를 사랑하는 것이다. 애인을 꼭 껴안기 전에 나부터 흠뻑 사랑해보자. 삶의 철학을 굳건하게 세우고 길을 떠나자.

　불안의 삶, 그것이 최고의 삶이다. 행복을 이끄는 삶이기 때문이다. 우리는 이제 이 삶을 멋지게 즐길 일만 남았다. 우리들 모두 행복을 얻을 수 있다. 우리들이 용기를 발휘하고 뜨겁게 실행한다면 말이다. 삶은 아름다운 것이다. 한번 해보자! 우리의 인생은 물론 이 세상까지 뜨겁게 변할 테니! 우리들 모두 파이팅이다! 정상에서 만날 날을 고대한다!!

불안하다면
잘되고 있는 것이다

초판 1쇄 | 2013년 12월 5일

지은이 | 이상민
펴낸이 | 김성희
펴낸곳 | 맛있는책

기획총괄 | 김지현
책임편집 | 안은주
마케팅 | 정범모
경영지원 | 설효섭

출판등록 | 2006년 10월 4일(제25100-2009-000049호)
주소 | 서울 서초구 반포동 47-5 낙강빌딩 2층
전화 | 02-466-1278
팩스 | 02-466-1301
전자우편 | candybookbest@gmail.com

ISBN : 978-89-93174-40-3 13320